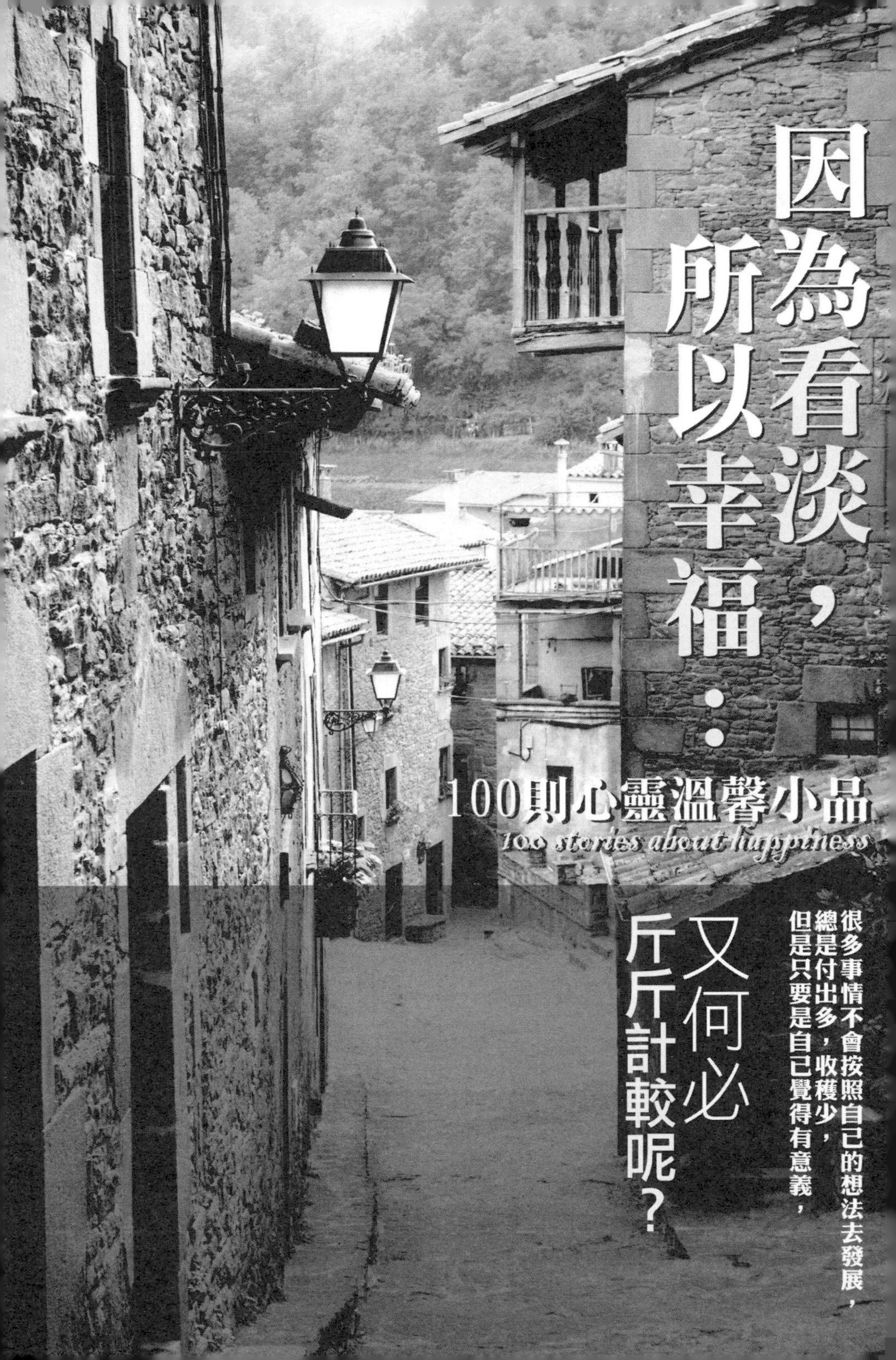
因為看淡，
所以幸福…
100則心靈溫馨小品
100 stories about happiness
很多事情不會按照自己的想法去發展，
總是付出多，收穫少，
但是只要是自己覺得有意義，
又何必
斤斤計較呢？

培育文化 人與人 56

因為看淡，所以幸福：100則心靈溫馨小品

編著　葉儀真

責任編輯　林美玲

美術編輯　林家維

封面/插畫設計師　林家維

出版者　培育文化事業有限公司

信箱　yungjiuh@ms45.hinet.net

地址　新北市汐止區大同路3段194號9樓之1

電話　（02）8647-3663

傳真　（02）8674-3660

劃撥帳號　18669219

CVS代理　美璟文化有限公司

TEL／(02)27239968

FAX／(02)27239668

總經銷：永續圖書有限公司

法律顧問　方圓法律事務所　涂成樞律師

出版日期　2015年1月

國家圖書館出版品預行編目資料

因爲看淡,所以幸福 ： 100則心靈溫馨小品

/ 葉儀真編著. -- 初版. -- 新北市 ： 培育文化,

民104.01　面 ；　公分. -- (人與人系列 ； 56)

ISBN 978-986-5862-45-9(平裝)

1.修身 2.生活指導

192.1　　103024016

目錄

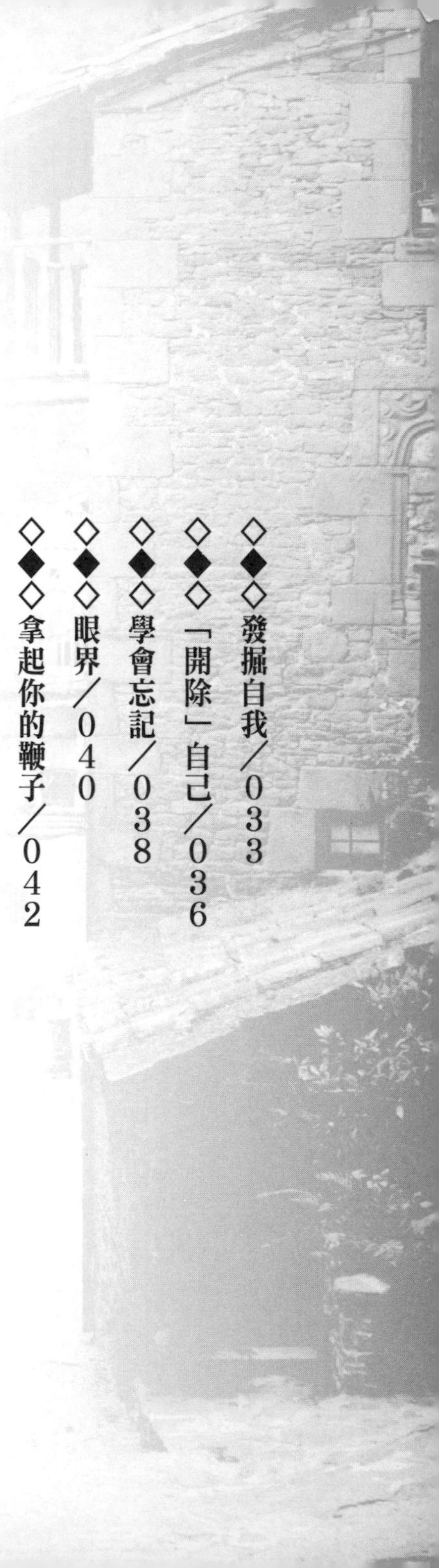

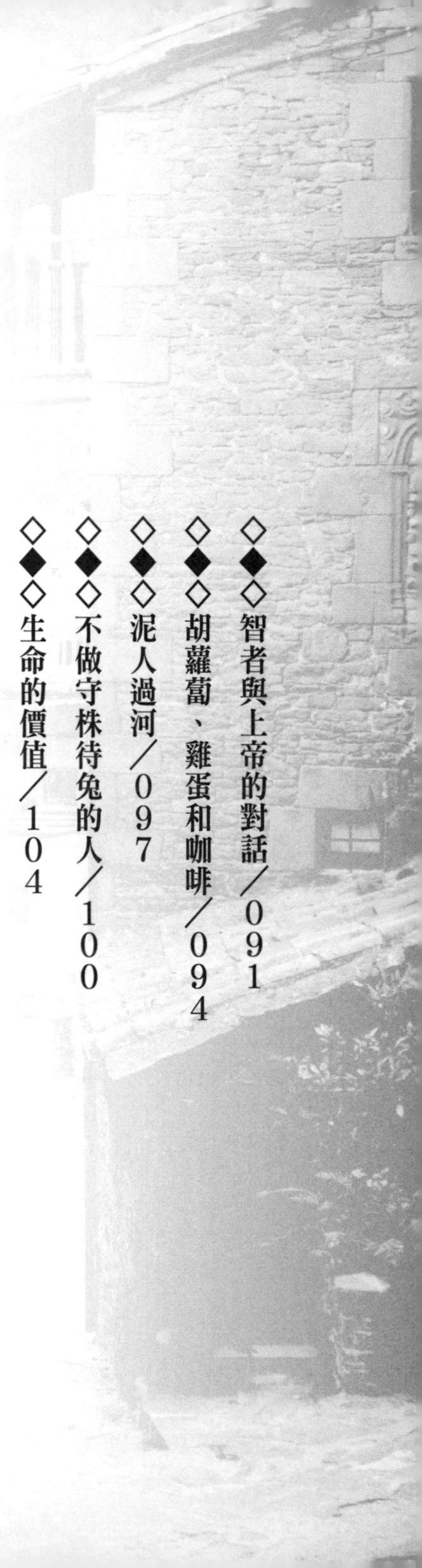

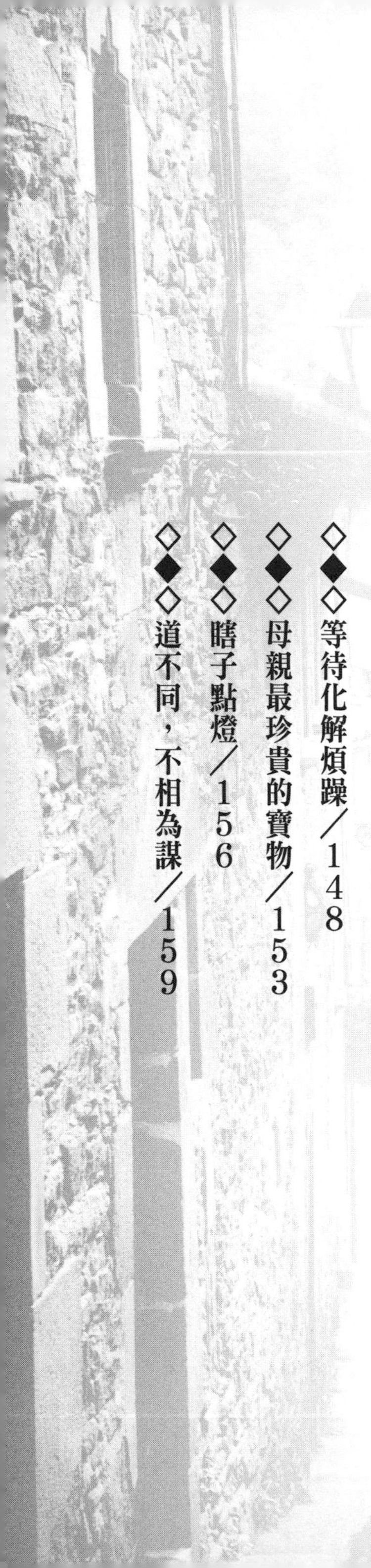

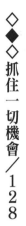

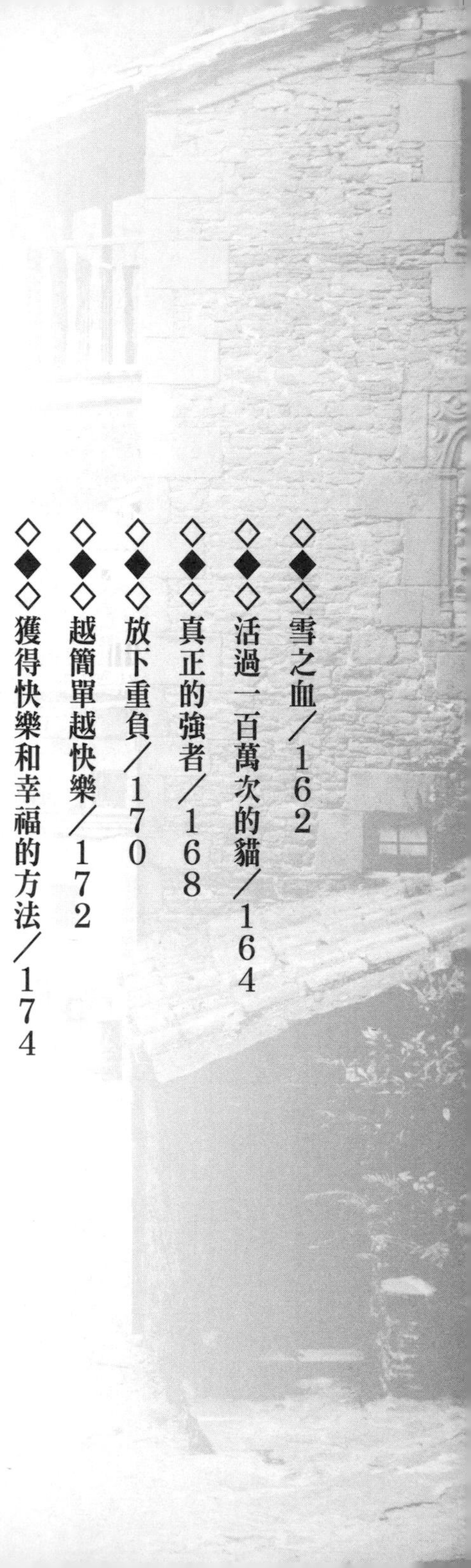

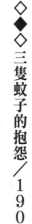

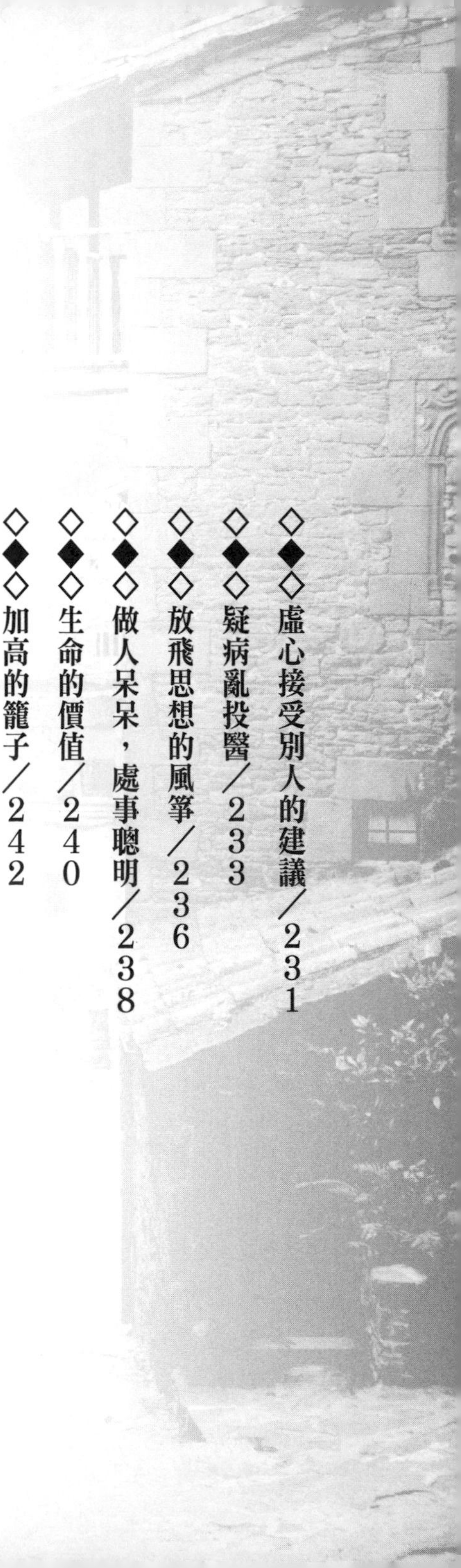

◇◆◇理直氣和

「小姐！妳過來！妳過來！」顧客高聲喊，指著面前的杯子，滿臉寒霜地說：「看看！你們的牛奶是壞的，把我一杯紅茶都糟蹋了！」

「真對不起！」服務小姐賠不是地笑道：「我立刻給您換一杯。」

新紅茶很快就準備好了，碟邊跟前一杯一樣，放著新鮮的檸檬和牛乳。小姐輕輕放在顧客面前，又輕聲地說：「我是不是能建議您，如果放檸檬，就不要加牛奶，因為有時候檸檬酸會造成牛奶結塊。」

顧客的臉，一下子紅了，匆匆喝完茶走出去。

有人笑問服務小姐：「明明是他土，妳為什麼不直說呢？他那麼粗魯地叫妳，妳為什麼不還以一點顏色？」

「正因為他粗魯，所以要用婉轉的方式對待；正因為道理一說就明白，所以用不著大聲！」

小姐說：「理不直的人，常用氣壯來壓人。理直的人，要用氣和來交朋友！」

每個人都點頭笑了，對這餐館增加了許多好感。

往後的日子，他們每次見到這位服務小姐，都想到她「理直氣和」的理論，也用他們的眼睛，證明這小姐的話有多麼正確——他們常看到，那位曾經粗魯的客人，正和顏悅色，輕聲細氣地與服務小姐寒暄。

●生活小語：

我們往往欣賞「理直氣壯」，卻往往忽視「理直氣和」的絕妙之處。

常言道：有理不在聲高，更何況你是否有「理」呢？反過來，對於別人的無知、粗魯，我們是以牙還牙，以眼還眼好呢，還是「以柔克剛」呢？別忘了：要用氣和交朋友！

◇◆◇關上窗簾

據說美國華盛頓廣場上有名的傑佛遜紀念大廈，因年深日久，牆面出現裂紋。

為能保護好這幢大廈，有關專家進行了專門研討。

最初大家認為損害建築物表面的元兇是侵蝕的酸雨。

專家們進一步研究，卻發現對牆體侵蝕最直接的原因，是每天沖洗牆壁所含的清潔劑對建築物有酸蝕作用。

而每天為什麼要沖洗牆壁呢？是因為牆壁上每天都有大量的鳥糞。

為什麼會有那麼多的鳥糞呢？因為大廈周圍聚了很多燕子。

為什麼會有那麼多的燕子呢？因為牆上有許多燕子愛吃的蜘蛛。

為什麼有那麼多的蜘蛛呢？因為大廈四周有蜘蛛喜歡吃的飛蟲。

為什麼有這麼多的飛蟲？因為飛蟲在這裡繁殖特別快。

而飛蟲在這裡繁殖特別快的原因，是這裡的塵埃最適宜飛蟲繁殖。為什麼這裡最適宜飛蟲繁殖？因為開著的窗陽光充足，大量飛蟲聚集在此，超常繁殖……由此發現解決的辦法很簡單，只要關上整幢大廈的窗簾。之前專家們設計的一套套複雜而又詳盡的維護方案，也就成了一紙空文。

●生活小語：

處理問題，若能透過重重迷霧，追本溯源，抓住事情的根源，往往能收到四兩撥千斤的功效。就如傑弗遜大廈出現的裂紋，只要關上窗簾就能節約幾百萬美元的維修費用，這是那些專家始料未及的。

在遇到困難的時候，你真的能關上你的窗簾嗎？

◇◆◇注意

上中學的女兒有位好朋友，非常親密，幾乎不分你我。

寒暑假時，也要在一起住些日子。

可是有一天，女兒回家來恨得咬牙切齒，口口聲聲說「我要跟她斷交，並且永遠不想見到她」。

父親說：「總得有個原因吧。」

女兒才說「她的嘴像關不住的水龍頭一樣，把我只說給她聽的話也告訴了別人」。

「原來是這樣。」父親歎了一口氣，說：「我只想提個問題：妳最喜歡的朋友為什麼一下子就成了最可恨的人？是她變了一個人？還是妳的什麼地方出了毛病？」

兩天後，女兒心裡平靜後，說：「我已經覺得她沒有那麼可恨了。」

父親笑了，說道：「妳過分注意了別人的弱點，才使妳喜歡的人變得不喜歡了！」

●生活小語：

是否善於控制自己的注意，本是心理學要義之一，問題是，人們往往夠不上道德修養上的注意。

多將注意放到別人的長處上，你會發現每個人身上都有閃光點。

名人格言◆◆

一個人必須把他的全部力量用於努力改善自身，而不能把他的力量浪費在任何別的事情上。

——（俄）列夫・托爾斯泰

◇◆◇沙漠中的祈禱

他，一個人孤單地躺在沙漠裡，靜靜地等待著死亡的降臨。

幾天前，有人告訴他：沙漠的中心有寶藏。

他想得到寶藏，就裝備整齊地進了沙漠。

可是寶藏沒找到，所帶的食物和水卻吃完了喝盡了。

他再也沒有力氣站起來。

也許只需要一點食物就能幫助他走出沙漠。

夜晚，他感覺自己快要死了，就做了最後的祈禱：「神啊，請給我一些幫助吧。」

神真的出現了，問他需要什麼。

他急忙回答說：「食物和水，哪怕是很少的一份也可以。」

神送給他一些麵包和牛奶，就消失了。

於是，情況發生了很大的變化。

現在，他精神百倍地站在那裡。他不斷地責怪自己，為什麼不向神多要一點東西？他帶著剩下的食物，繼續向沙漠深處走去。這一次他找到了寶藏。

就在他準備把寶藏盡可能多一些帶回去時，卻發現食物所剩無幾。

為了減少體力消耗，他不得不空手往回走。

最後，他還是倒在那裡。

死亡之前，神又出現了，問他需要什麼。

他喃喃地答道：「食物和水……請給我更多的食物和水……」

●生活小語：

人到死也離不開欲望。

神總是在滿足一個人的欲望的同時，塞給他一個更難填的新欲望。

只有克制自己的欲望，才能活得更加輕鬆。

◇◆◇意志不堅，難成大事

有一次，松下電器公司招聘一批基層管理人員，採取筆試與面試相結合的方法。計畫招聘十人，報考的卻有幾百人。

經過一週的考試和面試之後，透過計分，選出了十位佼佼者。當松下幸之助將錄取者一個個過目時，發現有一位成績特別出色，面試時給他留下深刻印象的年輕人未在十人之列。這位青年叫神田三郎。於是松下幸之助當即叫人複查考試情況。結果發現，神田三郎的綜合成績名列第二，只因電子電腦出了故障，把分數和名次排錯了，導致神田三郎落選。

松下立即吩咐糾正錯誤，並給神田三郎發錄用通知書。

第二天公司派人轉告松下先生一個驚人的消息：神田三郎因沒有被錄取而

跳樓自殺了。

錄用通知書送到時，他已死了。

聽到這個消息，松下沈默了好長時間，一個助手在旁也自言自語：「好可惜，這麼一位有才幹的年輕人，我們沒有錄取他。」

「不。」松下搖搖頭說。「幸虧我們公司沒有錄用他。意志如此不堅強的人是成不成大事的。」

●生活小語：

人生不如意事十之八九，因為求職未被錄取而拿死亡來解脫，這種「孤擲一注」不值得叫好。

成功根源於堅韌不拔的意志，而這正是有些弱者所缺少的。當我們看到鮮花和榮譽環繞之下的成功之士時，不要僅僅將其歸功於機遇與環境，應當牢記：意志是成功的墊腳石。

◇◆◇誠實不簡單

朋友說，現在的大學生不懂算術。見我不明所以，便給我說了這樣一個故事。

他代表公司去招聘一些大專畢業生。

面試時他出了這樣一道算術題：十減一等於幾？有的應徵者神神祕秘地趴在朋友的耳邊說：「你想讓它等於幾，它就等於幾。」

還有的人自作聰明地說：「十減一等於九，就是消費；十減一等於十二，那是經營；十減一等於十五，那是貿易；十減一等於二十，那是金融；十減一等於一百，那是賄賂。」

只有一個應徵者回答等於九，還有點猶豫。

問他為什麼？這位應徵者說：「我怕照實說，會顯得自己很愚蠢，智商低。」

然後他又小聲地補充了一句：「對獲得一份好工作來說，誠實可能是這個世界上最沒用的武器。」後來這個老實人被錄取了。

我聽了朋友的故事，問他為什麼出這樣的問題。

朋友說，我們公司的宗旨就是：「不要把複雜的問題看得過於簡單，也不要把簡單的問題看得過於複雜。」就這麼簡單？

●生活小語：

誠實恰似道德天平的砝碼，一邊是真，一邊是假。而如今，許多人居然不要這個「砝碼」，卻要區分真假。

一個簡單的問題，千奇百怪的答案離誠實越來越遠。今天的誠實被標榜為「愚蠢」「笨拙」，誠實的存在並不在於它是否有用，而在於你怎麼用。

◇◆◇拒絕生意

有一次，自行車的線鬧鬆了，便找了修車師傅調試。

攤主是位老者，看了看車說：「調是可以調，過幾天還會鬆。」

我說：「先調了再說吧。」

心裡暗歎：便宜的車真是騎不得。

這時，一位中年人騎著車來了。

他停住，問：「前輪軸總是會震動，能不能修一下？」

老者瞄了一眼說：「你就這麼騎吧。」

「為什麼？」

「這車圈材料不好，修不好了。」

中年人點點頭，便蹬上車走了。

過了一會兒，我問老者：「真的修不了？」

「修也是白花錢。我玩了一輩子車了，知道什麼毛病能修，什麼毛病修不了。修不了的，就不能騙人錢。取之有道嘛！」

聽了老者的話，我不由得生出敬意。

●生活小語：

其實，人生最要緊的事是敢於說真話、實話。

因為真話、實話已經接近真理。或者說「真理不過是實話的文雅名稱」。

名人格言◆◆

你能在所有的時候欺騙某些人，也能在某些時候欺騙所有的人，但你不能在所有的時候欺騙所有的人。

——（美）林肯

◇◆◇問心無愧

約三十年前，在紐約貧民區某公立學校裡，奧尼爾夫人所教的三年級學生舉行算術考試。

閱卷時，她發現有十二個男孩子對某一題的答案錯得完全一樣。

奧尼爾夫人叫這十二個男孩子在放學後留下來。

她不問任何問題，也沒作任何責備，只在黑板上寫下：「在真相肯定永無人知的情況下，一個人的所作所為，能顯示他的品格。——湯姆斯‧麥考萊」，要他們抄一百次。我不知其他十一個人有何感想，只知道我自己，可以說，這是我一生中最重要的教訓。

教師把麥考萊的名言告訴我們已是三十年前的事了，我至今仍認為那是我所見到的最好準則之一。不是因為它可以使我們衡量別人，而是因為它使我們可以衡量自己。

我們中間需要決定宣戰或其他國家大事的人不多，但我們每人每天都必須作出許多個人的決定。

在街上撿到一個錢包，該把錢私吞呢，還是送交警察呢？這筆交易本是別人的功勞，可以把它占為己有，列在自己的推銷記錄裡嗎？沒有人會知道。除你之外，沒有人知道。但是你必須對得起自己，最好能問心無愧。因為問心無愧可生自信，而自信遠勝於寬心。

●生活小語：

水至清則無魚，同樣的，任何一個完美的人都不可能保證自己一生中不犯任何一個錯誤。

關鍵在於，這個錯誤擺在我們面前時，如何對待它。一個人最容易衡量自己，可大多數人關心的卻是別人眼中的自己。

經常用「自我」衡量「本我」，才能做到問心無愧。

◇◆◇懷才不遇

小王和小李是藝術系的同班同學，小李畢業後因父親的關係，進入某報社擔任美術設計工作。

不甚如意的小王，每次看見小李在報上刊出的作品，就會痛罵報社只認人情，不長眼睛。

但是原本遠不及小王的小李，由於報社的工作環境好，經常能接觸最新的材料與作品，加上困而後學的努力，幾年後樹立了獨特的風格，也闖出了不小的名聲。

小王終於不再譏評小李，因為長久地怨天尤人，使他由一時的懷才不遇，變為真正的外強中乾，作品的水準，已經遠遠在小李之後了。

●生活小語：

這社會上誠然有許多不公平的事，唯一的方法是加倍地努力，以求出頭，使自己有能力創造一個未來公平的社會；如果只知自怨自艾，恐怕原本短期的時運不濟，終要成為長期的命運多舛了。

名人格言

在陽光的深處，就是我最高的渴望。我不一定能觸摸到它們，但是我可以尋找並且看到它們的美麗，信仰它們，並且依照它們所指引的方向前進。

——（美）露意莎・梅・奧爾科特

◇◆◇從天而降的天使

一位才思敏捷的牧師對會眾做了一場精采的說道，末了他以肯定自我的價值作為結尾，強調每個人都是上帝眷顧的寶貝，每個人都是從天而降的天使。活在這個世上，每個人都要善用上帝給予的獨特恩賜，去發揮自己最大的能力。

會眾當中有個人不服牧師的說法，站起身來，指著令自己不滿意的扁塌鼻子，道：「如果像你所說，人是從天而降的天使，請問有容貌是塌鼻子的完美天使嗎？」

另一位嫌自己腿短的女子也起身表示同樣的意見，認為自己的短腿不是上帝完美的創造。

牧師輕鬆而自信地回答：「上帝的創造是完美的，而你們兩人也確定是從天而降的天使，只不過……」他指了指那名塌鼻子的朋友：「你降到地上時，讓鼻子先著地罷了。」牧師又指著那位嫌自己腿太短的女子：「而妳，雖是用腳著地，卻在從天而降的過程中，忘了打開降落傘。」

●生活小語：

人際關係的建立過程中，良好的溝通方式占有極重要的地位。而溝通中如何處理對方的質疑更是關鍵之所在。如同故事中那位牧師深具信心且帶著幽默的回答，正是處理質疑的極佳方式。

名人格言◆◆

上帝給我們兩隻耳朵，一張嘴巴。就是要我們多聽少講。傾聽有雙重的好處：不但得到有用的消息，還使別人覺得重要。

——（美）玫琳凱

◇◆◇最好的介紹信

一位先生要雇一名雜工到他的辦公室做事。最後，這位先生挑中了一個男孩。

「我想知道，」他的一位朋友問道。「你為何喜歡那個男孩，他既沒帶一封介紹信，也沒任何人推薦。」

「你錯了。」這位先生說。

「他帶來了許多介紹信。他在門口拍掉腳上的土，進門後隨手關上了門，說明他做事小心仔細。看到那位殘疾老人時，他立即起身讓座，顯示他心地善良，體貼別人。進了辦公室他先脫了帽子，回答我提出的問題乾脆果斷，證明他既懂禮貌又有教養。」

「其他所有的人都從我故意放在地板上的那本書上跨過，而這個男孩卻俯身撿起那本書並放在桌上。當我和他交談時，我發現他衣著整潔，頭髮梳得整整齊齊，指甲修得乾乾淨淨。難道你不認為這些小節就是最好的介紹信嗎？」

●生活小語：

要認識一個人，請注意他的「小細節」，要把自己介紹給別人，小細節便是最好的介紹信。

名人格言◆◆

從觀察中不僅可以汲取知識，而且知識在觀察中可以活躍起來，知識藉助觀察而「進入周轉」，像工具在勞動中得到運用一樣。如果說複習是學習之母，那麼觀察就是思考和識記知識之母。一個有觀察力的學生，絕不會是學業成績落後或者文理不通的學生。

——（蘇聯）蘇霍姆林斯基

◇◆◇發掘自我

多年以前，在美國奧克拉荷馬州的一片私人工地上發現了石油，這片土地屬於一個年老的印第安人。

這個印第安人一輩子窮困潦倒，可是石油的發現讓他一夜之間成為百萬富翁。

發財以後他做的第一件事就是給自己買了一輛豪華的「凱迪拉克」轎車。當時的旅遊轎車在車後配有兩個備用輪胎，可是這個印第安人想使它成為本地最長的車子，於是又給它加上了四個備用輪胎。

他買了一頂林肯式的長筒帽，配上飄帶和蝴蝶結，還叼上一支又粗又長的雪茄，就這樣把自己全副武裝起來了。

每天他都會開車到附近那個熙熙攘攘、又髒又亂的小鎮上去。

他想去見每一個人，也想讓每一個人都看看他。

他是一個友好的老夥計，開車經過鎮上時他得不停地左顧右盼與碰到的熟人寒暄，前後左右不停地與來自四面八方的熟人打招呼。

有趣的是，他的車從來沒撞傷過一個人，他本人也從未有過身體受傷或財產受損的事。

原因很簡單：在他那輛氣派非凡的汽車前面，有兩匹馬拉著汽車。他的機械師說汽車的發動機完全正常，只是老印第安人從沒學會用鑰匙插進去發動汽車。

在汽車裡面有一百匹馬的力量準備就緒、昂首待發，可是老印第安人卻要用汽車外面那兩匹馬。

許多人都犯這樣的錯誤，他們只看到外面兩匹馬的力量，卻看不到裡面一百匹馬的力量。

●生活小語：

只有當你發掘自我，利用你的巨大潛能時，你的價值才成為真實的和可見的。要更充分地利用你的潛能，發現和開採藏在你體內的「金礦」和「油田」。

名人格言◆◆

不要急於知道什麼才是成功，哪裡才是巔峰。你只需要知道自己靈魂中最可貴、最有把握的那一點是什麼，然後把它發掘出來，把它發揚光大。慢慢的，你自會走向成功。不管別人是否比你更聰明，更偉大，成就更高。只要你儘量發揮你自己的天賦專長，你自會有屬於你自己的成就。

——羅蘭

◇◆◇「開除」自己

有一個人，在不到十年的時間裡，竟多次開除自己。

第一次是在一九九三年，也就是他大學畢業後的第二年，離開了工作單位寧波市電信局。

第二次開除自己，是在外企，源於他想創辦一家網路服務公司。

最終，他創辦網路公司並一舉成名。

也許，你已經猜出來了，他就是搜狐公司總裁張朝陽。用張朝陽自己的話說就是：「開除自己，才能成功。」

●生活小語：

當「知足常樂」成為一些人生活信條的時候，「開除自己」就顯得很有震撼力。

把自己從相對安逸的環境中開除，再開除自己身上的缺點，那麼你離成功的彼岸肯定會越來越近。

名人格言

要有所成就，就必須面對可能的失敗和風險，沒有風險，就沒有成功的自豪，因而就體驗不到幸福。我們要前進，唯有以開拓者的精神勇往直前，有勇氣承擔一切才是世界上唯一通向經濟自由之路。

——（美）雷蒙・克羅克

◇◆◇學會忘記

有一位作家在寫了一部轟動的小說後，備感自豪。

他每天翻看讀者來信，聽溢美之詞，愈發覺得讀者是他的知音，對自己的創作也愈加滿意，並由此總結出許多成功的經驗，想把它們運用到今後的寫作中。

可事隔多年，作家再沒寫出能與第一部小說相媲美的作品來，究其原因，卻是他時時在拿過去的成功作參照，致使下筆時投鼠忌器而無法超越自己。

看來，以成功墊腳，有時反而會招致失敗。

有一位新分配的中學老師接管了一個誰都不要的「爛攤子」班級。

這個班級素以學生素質差、事故多而聞名全校。

這位新班主任所做的第一件事便是在班上當眾銷毀學生檔案，讓那些記載著學生「劣跡」的「文件」付之一炬。

他對學生說：「我不知道你們每一個人的過去，所以大家在我心中都是平等的，嶄新的，優秀的。請你們珍惜和愛護自己的形象。」

一年後，這個班以「班風正、學風濃」而被評為「先進班級」。

看來，「忘記」失敗，有時反而會使人更有動力搏取成功。

●生活小語：

人生需要學會忘記。

忘記成功，就不會重複自己，不會自恃優越而失去超越自己的銳氣；忘記失敗，就不會妄自菲薄，不會背負失敗的陰影而影響拚搏的信心。

◇◆◇眼界

有一位非洲的酋長去英倫三島觀光。

回來後，別人問那裡的情形。

酋長想了想，回答：「英國的人都說英語，連小孩子也在說。」

酋長說的並沒有錯，他所注意的只是這些，其他的或許忽略了。

這就是眼界。

正像鷹即使高翔萬里，看到的只是地上的兔子，而金龜子眼裡只有草原上的糞球。法布林曾優美地記述過聖甲蟲與高采烈地搬運糞球的盛況。

眼界決定了價值取向。站得高，看得遠，是民間對於豪傑人物的讚譽。

事實上，豪傑人物即使被逼迫於別人的屋簷之下，心胸照樣懷抱天下。

劉備種菜的時候，不是就被曹丞相窺破了英雄真相嗎？

生活小語：

眼界裡面有金，也有糞土。

一個人與一個時代的結合，很大程度取決於眼界。

打開了眼界，自然打開了心胸。看一個人，不妨先看一看他的眼界。

名人格言

帶著自信朝著你的夢想前進！過你想像中的生活。當你簡化你的生活時，萬物的法則也隨之趨於簡化；孤獨將不再是孤獨，貧窮將不再是貧窮，而軟弱也不再是軟弱。

——（美）亨利・大衛・梭羅

◇◆◇拿起你的鞭子

車夫駕著一輛滿載乾草的車子走在鄉間的路上，沒想到卻陷進了泥坑裡。在鄉下的田野上，會有誰來幫這個可憐人的忙呢？這完全是命運之神有意惹人發怒而安排的。

陷入泥坑裡的車夫肝火正旺，罵不絕口。他罵泥坑，罵馬，又罵車子和自己。無奈之中，他只得向舉世無雙的大力之神求救。

「赫拉克勒斯，」車夫懇求道，「請您幫幫忙，您的背能扛起天，把我的車從泥坑中推出來對您來說應該是舉手之勞。」

剛祈禱完，車夫就聽到神從雲端說話了：「神要人們自己先動腦筋、想辦法，然後才會給予幫助。你先看看，你的車困在泥坑裡究竟是什麼原因？為什麼會陷入泥坑？拿起鋤頭剷除車輪周圍的泥漿和爛泥，把礙事的石子都砸碎，把車轍填平，你不自己嘗試一下怎麼行呢？」

過了一會兒，神問車夫：「你做好了嗎？」

「是的，做好了。」車夫說。

「那很好，我來幫助你。」大力神說，「拿起你的鞭子。」

「我拿起來了……咿，這是怎麼回事？我的車走得很輕鬆！大力之神赫拉克勒斯，您真行！」

這時神發話說：「你看，你的馬車很輕易地就離開了泥坑！遇到困難，要先自己動腦筋想辦法解決，老天才會助你一把的。」

●生活小語：

自立自助者才能自救，遇到困難的時候不要首先想到尋求別人的幫助，自己可以辦到的事情，先自己動腦筋想一想，動動腦子，問題或許很快就迎刃而解了。

◇◆◇路邊的青蛙

一天，一隻路邊的青蛙悠閒地在草叢中養神，突然聽到有人叫：「老弟，老弟。」牠懶洋洋地睜開眼睛，發現是田裡的青蛙。

「你這裡太危險了，搬來跟我住吧！」田裡的青蛙關切地說，「到田裡來，每天都有可以吃的昆蟲，不但為莊稼除害，而且也不會有什麼危險。」

路邊的青蛙不耐煩地說：「我已經習慣了，幹嘛要費神搬到田裡去？我懶得搬！況且，路邊一樣也有昆蟲吃。」

田裡的青蛙無可奈何地走了。

幾天後，牠又去探望路邊的青蛙，卻發現路邊的青蛙已被車子壓死在馬路上了。

生活小語：

舉手之勞卻不願為之，那就註定要為此付出沉重的代價。命運靠自己的掌握，選擇勤勞就可以得到幸福，一味懶惰永遠難逃厄運。

名人格言

未來有兩種前景，一種是畏畏縮縮的，一種是充滿理想的。上帝賦予人自由的意志，讓他可以自行選擇。您的未來就看您自己了。

——（法）大仲馬

知人知面更要知心

有一個人想得到人類最美好的物質和精神財富，於是他四處尋求。

路上，他碰見一個背著袋子的人。他上前說：「把你袋子裡的魚給我一條吧，我看見牠們還在袋子裡扭動呢。」

於是，那人停下來，伸手從袋中抓出一條給了他。不過那不是魚，而是蛇。

他繼續向前走，看見一個提籃子的少婦。他上前說：「把妳籃子裡的人參給我一支吧，據說那是藥中珍品呢。」

於是，少婦停下來，伸手從籃中拿出一支給了他。不過那不是人參，而是罌粟。

他繼續朝前走，看見一個富有的人，他上前說：「把你的慷慨給我一點吧，讓我做一個樂善好施的人。」

於是，富人解開衣襟，從懷中掏出一把東西遞給了他。不過那不是慷慨，而是吝嗇。

「人們這是怎麼了？為什麼把我要的東西都給錯了？」他問一位看起來非常和善的老人。

老人說：「他們並沒有給錯，而是你找錯了人。」

●生活小語：

從某種意義上說，跟對人，比做什麼工作都重要。與人合作是非常必要的。但是不要找錯了物件。知人知面更要知心，這樣，不但能瞭解別人，也會把握住自己的航向。

◇◆◇守住自己的金礦

美國田納西州有一位秘魯移民，在他的居住地擁有六公頃山林。

在美國掀起西部淘金熱時，他變賣家產舉家西遷，在西部買了九十公頃土地進行鑽探，希望能在這裡找到金沙或鐵礦。

他一連找了五年，不僅沒有找到任何東西，最後連家私也折騰光了，不得不又重返田納西州。

當他回到故地時，發現那兒機器轟鳴，工棚林立。

原來，被他賣掉的那個山林就是一座金礦，新主人正在挖山淘金。

●生活小語：

一個人一旦丟掉屬於自己的東西，就有可能失去一座金礦。

在這個世界上，每個人都潛藏著獨特的天賦，這種天賦就像金礦一樣，埋藏在我們平淡無奇的生命中，一個人是否能有幸挖到這座金礦，關鍵看能不能腳踏實地地發揮自己的長處，去經營自己的人生。

名人格言

多數人在人潮洶湧的世間，白白擠了一生，從來不知道哪裡才是他所想要到達的地方，而有目標的人卻始終不忘記自己的方向，所以他能打開出路，走向成功。

——羅蘭

◇◆◇電梯裡的鏡子

時下的綜藝節目中常穿插一些由現場嘉賓來回答的問題，嘉賓憑著十分豐富的想像，往往能將答案猜個八九不離十。

然而有一次例外。

那是我們十分熟悉的東西——電梯。

問題是：電梯裡總有一面大鏡子，那個大鏡子是做什麼用的呢？回答踴躍如常——用來對鏡檢查一下自己的儀表；用來看清後面有沒有跟進來不懷好意的人；用來擴大視覺空間，增加透氣感……一再啟發後，主持人終於說出了非常簡單的正確答案：肢殘人士推著輪椅進來時，不必費心轉身即可從鏡子裡看見樓層的顯示燈。

原來是這樣！原本活潑美麗、機智風趣的嘉賓們多少有些尷尬，其中有一位頗有些抱屈地說：「這我們怎會想到呢？」

是啊，怎能想到呢？時至今日，我們的確越來越聰明，我們的知識面的確越來越寬廣。

我們思考一個問題時可以想到海闊天空，但不幸的是，無論思路擴展到多遠，我們往往還是從自己出發的。

●生活小語：

電梯裡的鏡子，有人用來裝飾自我，有人用來保護自我，有人依此舒適自我，為什麼沒有想到「自我」之外的「他人」呢？答案之所以正確，正是因為其出乎人們的意料。

細味之下，不難想到我們的出發點總是站在自己的腳下！

◇◆◇夢想的心

開啟智慧的一個方法是保持夢想的心。

我記得小學六年級的時候，考第一名，老師送我一本世界地圖，我好高興，跑回家就開始看這本世界地圖。

很不幸，那天輪到我為家人燒洗澡水。

我一邊燒水，一邊在灶邊看地圖，看到一張埃及地圖，埃及有金字塔，有埃及豔后，有尼羅河，有法老王，有很多神祕的東西，心想長大以後如果有機會我一定要去埃及。

看得入神的時候，突然有人從浴室出來，用很大的聲音跟我說：「你在幹什麼？」

原來是我爸爸，我說：「我在看地圖！」

爸爸很生氣，說：「火都熄了，看什麼地圖！」

我說：「我在看埃及的地圖。」

父親跑過來給我兩個耳光，然後說：「趕快生火！看什麼埃及地圖！」打完後，用很嚴肅的表情說：「你這輩子不可能到那麼遙遠的地方！趕快升火。」

我當時看著爸爸，呆住了，心想：「真的嗎？我這一生真的不可能去埃及嗎？」

二十年後，我第一次出國就去埃及，我的朋友都問我：「到埃及做什麼？」

我說：「因為我的生命不要被保證。」

我坐在金字塔前面的臺階上，買了張明信片寫信給我爸爸。

我寫道：「親愛的爸爸：我現在在埃及的金字塔前面寫信給你，記得小時候，你打我兩個耳光，說我不可能到這麼遠的地方來，現在我就坐在這裡給你寫信。」寫的時候感觸非常的深。

爸爸收到明信片時跟媽媽說：「哦！這是哪一次打的，怎麼那麼有效？居然一巴掌把他打到埃及去了。」

●生活小語：

夢想在生命中是非常重要的東西。為什麼非常重要？因為只有夢想可以使人溫暖，只有夢想可以使我們有希望，只有夢想可以使我們保持充沛的想像力與創造力。

「保持夢想」就是一直到死前的那一剎那，都保持著向前的姿勢。

名人格言◆◆

人生應有兩個目標：一個是把你所要的東西弄到手，另一個是用弄到手的東西享樂。然而懂得這第二個方法的人才是最聰明的。

——（英）史密斯

◇◆◇吸血蝙蝠與野馬

在非洲的草原上，有一種不起眼的動物叫吸血蝙蝠。牠的身體極小，卻是很多動物的天敵，就連強悍的野馬也常常是牠們的犧牲品。

這種蝙蝠靠吸動物的血生存，如牠在攻擊野馬時，常吸附在馬腿上，用鋒利的牙齒極敏捷地刺破野馬的腿，然後用尖尖的嘴吸血。無論野馬怎麼蹦跳、狂奔，都無法驅逐這種蝙蝠，蝙蝠卻可以從容地吸附在野馬身上，直到吸飽吸足，才滿意地飛去。

而野馬常常在暴怒、狂奔、流血中無可奈何地死去。

動物學家們在分析這一問題時，一致認為吸血蝙蝠所吸的血量是微不足道的，根本不會讓野馬死去，野馬的死亡是牠暴怒狂奔的性格所致。

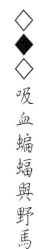

●生活小語：

憤怒易使人失去理智，惟有冷靜地面對一切，我們才能更好地保護自己，不讓自己繼續受到傷害。

名人格言

處事當務詳慎，不可盡與燥脾。凡飲食舉動言語筆墨，盡與便放肆。一燥脾便刻薄，其始無害人之心，而其事必至於害人。初若不至殺身，終至殺身而有餘也。

——曾國藩

◇◆◇提高警惕

有一隻老虎因年邁體衰，已經無力覓食了。為解決自己的一日三餐，牠決定使用計謀。

老虎躺在自己的洞裡裝病，並不時故意發出痛苦的呻吟聲，路過洞口的百獸們聽到後都很同情牠，便都前去探望，而老虎也趁機把牠們一隻隻的吃掉。就這樣許多野獸都失蹤了。

老虎的祕密被小松鼠發現了。牠來到老虎那裡，遠遠地站在門外，然後問老虎身體如何。

老虎回答說：「我可能快不行了，親愛的，我覺得我好孤獨啊！請你進來陪我聊聊天吧！」

小松鼠回答：「不，對不起，我有點害怕，我發現到這裡來的有許多足跡，但只有進去的，沒有一個是出來的。」

●生活小語：

害人之心不可有，防人之心不可無。提高警惕才可以保護自己，與此同時還要注意從他人的災難中吸取教訓，避免同樣的災難降臨到自己身上。

名人格言◆◆

當劇院失火時，理智的人和驚慌失措的人都同樣清楚地預見到了災禍，不過，理智的人採取可能減小災禍的行動，而驚慌失措的人反而使災禍擴大。

——（英）羅素

◇◆◇魔鬼的詭計

某個時期，因為宗教信仰昌盛，人心向善，下地獄的人數銳減，魔王緊急召集群鬼開會，商討如何誘人下地獄。

現世鬼首先提議說：「讓我去告訴人類，丟棄你的良知吧！根本就沒有天國！」魔王考慮了一會兒，覺得不夠好。

頑皮鬼則建議：「我們可以對人類說，為所欲為吧！根本就沒有地獄！」魔王想了想，還是搖搖頭。

過了一會兒，旁邊一直悶不吭聲的機靈鬼說：「我有一招，只要對人類說，還有明天！」魔王終於面露笑容，直誇這個詭計最好。

●**生活小語：**

活著就應該好好把握今天所擁有的每一刻，讓自己的明天不後悔。有這種信念的人才能把握自己的命運，才能有機會創造美好的未來，他的人生才是完美的人生。

名人格言◆◆

罹患嚴重的疾病時，對康復是否有信心，會影響身體的化學反應。人體的信仰機構，能轉化希望，培養期望的力量，使求生的意念變成抵抗疾病的正面因素。因此，凡事皆來自信仰。我們所信仰的，就是最有力的選擇。

——（美）諾曼・卡森斯

◇◆◇安排自己的命運

有一位農夫，家境貧寒，但他卻整日漫不經心的疏於耕作。別人忙於農事時，他卻常常躺在村子裡的樹蔭下獨自乘涼。

又值農忙季節，一個下田去工作的鄰居看到他還像沒事人似的悠然躺在大樹下，勸道：「你不該這樣活著。」

農夫問：「那麼該怎樣活著？」

精明的鄰居說：「你應該比別人更勤於耕作，春天不要偷懶，夏天不要怕熱，把你田裡的莊稼種好。」

「那以後呢？」農夫問。

「到秋天，你就可以收穫很多的糧食。」鄰居說，「你再省吃儉用，又會節餘下很多糧食。把節餘的糧食賣了，換成錢，又可以買許多田地，有了更多的田，你就可以種下更多的糧，賣更多的錢。這樣下去，你就會越來越有錢。

過些年，你就可以蓋深宅大院，買許多騾馬，雇一大群人，替你工作了。」

「那以後呢？」農夫問。

「那以後你就自在了。別人去工作，你就可以舒舒服服躺在樹蔭下過日子啦！」

「那麼，你看現在呢？我不也是舒舒服服地躺在樹蔭下嗎？」農夫問。

●**生活小語：**

是現在享受還能擁有的東西，還是先奮鬥等有了足夠的資本之後再安心享用呢？自己的命運自己安排。

◇◆◇兩隻蝸牛

兩隻陌生的蝸牛在地球的某個路口相遇了，牠們彼此用觸角碰了碰，相互問候，然後繼續各自朝相反的方向爬去。

但不幸的是牠倆擁有了相同的想法：對方這麼急著朝我走過的路爬去，肯定有什麼事，一定是那路上有許多寶貝我沒發現。這樣想著，蝸牛們便同時折返，朝來時路爬去。

在同一個路口，兩隻蝸牛又相遇了，牠們彼此友好地又用觸角碰了碰，各自繼續往前爬去。

忙碌了一輩子的蝸牛不知不覺中又爬回了起點。

●生活小語：

忙碌中就會不自覺地迷失了自我以及前進的方向。

命運掌握在自己手中，千萬不要讓盲目的忙碌改變了我們的命運。

名人格言◆◆

偉大人物的最明顯的標誌，就是他堅強的意志，不管環境變換到何種地步，他的初衷與希望仍不會有絲毫的改變，並能終於克服障礙，達到期望的目的。

——（美）愛迪生

◇◆◇為自己爭取成功

有一家大公司要招聘一位市場人員，豐厚的薪水和良好的福利待遇吸引了不少報名者。

應徵的條件除了其他基本要求外，還必須要有一定的口才，許多人躍躍欲試。經過筆試和面試，留下了三個人進入最後的測驗。

第一個應徵者一走進來，就看到面前坐著集團公司的總經理，他在商場中叱吒風雲，以果斷和善辯著稱。應徵者一見到是總經理親自面試，不免心慌意亂起來。總經理的問題尖刻中帶有挑釁的味道，應徵者根本不敢正面駁斥，只是竭力自圓其說。不到半個小時，他就被總經理問得毫無招架之力了。

總經理笑著對他說：「你可以出去了。」

第二位也是如此，他一看到主持測驗的是在商海中威信極高的總經理，馬上就被他的氣勢壓住了，自己的表達特長根本發揮不出來。

很快輪到了第三位應徵者，面前的總經理在他眼裡只是一位戴著眼鏡、乾瘦而精明的招聘人。

應徵者對總經理說：「您好。」

總經理威嚴地掃了他一眼，提了許多問題，應徵者侃侃而談。最後總經理的嘴角露出一絲微笑。

突然，總經理提出一個涉及個人隱私且十分尖銳的問題。應徵者一聽，不禁有些氣惱，但仍然平靜而有禮貌地指正了總經理。總經理不同意他的觀點，兩人便你一言我一語地爭論起來。總經理的話音突然戛然而止，笑著說：「不錯，有膽量，你等我們公司的最後通知吧！」

第三位應徵者氣呼呼地走出面試室，看到先前的那兩位應徵者。當得知那位面試官是集團公司的總經理時，第三位應徵者頓時嚇得目瞪口呆。他想起自己剛才和對方爭辯的場面，估計自己無論如何都不會被錄用的。

然而結局卻出乎意料，真正被錄用的是第三位應徵者，公司總經理評價他是少見的有自信心的年輕人。

●生活小語：

縱觀中外名人成功之典故，沒有人不是用極大的自信為自己爭取到成功的機會的。

自信的人都能使自己的人生和命運朝著自己理想中的方向發展。

名人格言◆◆

首先要確立和公開目標，點燃熱情而自絕後路，然後朝著既定的目標拼命努力，為此還要不斷地鍛鍊自己的身體和意志，最後還需要有必勝的自信心。

——（日）稻盛和夫

◇◆◇冬天不要砍樹

一個孩子與父親一起來到一個小農場。孩子在玩耍時發現幾棵無花果樹中有一棵已經死了。它的樹皮已經剝落，枝幹也不再呈墨綠色，而完全枯黃了。孩子伸手碰了一下，只聽「趴嗒」一聲，枝幹折斷了。

孩子對爸爸說：「爸爸，那棵樹早就死了，把它砍了吧！我們再種一棵。」可是爸爸阻止了他。他說：「孩子，也許它的確是不行了。但是，冬天過去之後可能還會萌芽抽枝的，它正在養精蓄銳呢！孩子，要記住，冬天不要砍樹。」

果然不出父親所料，第二年春天，那棵好像已經死去的無花果樹居然真的重新萌生新芽，和其他樹一樣在春天裡展露出生機。其實這棵樹真正死去的只是幾根枝杈，到了春天，整棵樹枝繁葉茂，綠蔭宜人，和其他的樹木並沒什麼差別。

那個孩子後來成了一名小學教師。在他二十多年的教學生涯中，他不止一次地遇到類似的情形。小時候背起字母來都結結巴巴的艾爾，現在竟成了一位小有名氣的律師；而當年那位最淘氣、成績差得一塌糊塗的巴克，後來是大學裡的資優生，畢業後還自己創辦了一家頗具規模的公司。

最不可思議的是自己的兒子布朗。他幼時不幸罹患了小兒痲痹症，幾乎完全不能走路。可是在小學當教師的他記住了爸爸的話，不放棄對兒子的希望，一直鼓勵他不要灰心喪氣。現在，布朗順利地完成了大學課程，還擔任公共圖書館的管理員。要知道，布朗只有左手的三根手指能動彈，就連扶一扶鼻樑上的眼鏡也十分困難！

「冬天不要砍樹」這句話一直鼓舞著當年的那個小男孩，每每遇到讓他沮喪傷懷的事，他都靠著這句話順利地度過了一個又一個家庭和事業上的危機。只要不輕易放棄，凡事都有轉機。

●生活小語：

困難和挫折是一時的，只要在困難和挫折面前挺直腰桿，別倒下，堅持下去，因為只要堅持就一定會有轉機。命運女神也只能去擺佈那些聽憑任意擺佈的人的命運。

名人格言◆◆

世間的事一向如此，受獎的永遠是那些有幸將偉大事業進行到底的人，而所有那些用自己的智慧和鮮血促使這功績成為可能和現實的人，卻總是被人遺忘。

——（奧地利）茨威格

◇◆◇不濟的命運

一個商人從事航海販運發了大財。他曾屢屢戰勝風險，各種惡劣的氣候和地形都沒有讓他的貨物造成損失，似乎命運女神格外垂青於他。他所有的同行都遭遇過災難，只有他的船平安抵港，代理人和經銷商也對他忠實守信。人們追求奢侈的欲望使他財源廣進，他順利地販賣了運送回來的砂糖、瓷器、肉桂和菸草。總之，他很快就成了腰纏萬貫的大富翁。

在他周圍，人們談論的都是值錢的威尼斯杜卡金幣，就是齋戒的日子裡也有婚禮般的排場。一個朋友目睹了他的豪華盛宴之後，羨慕地說道：「您的家常便飯也這樣氣派，真讓我大開眼界！」

「這還不是靠我自己的努力奮鬥，靠我的聰明才智，靠我的獨具慧眼，才能抓住機遇，獲得今天的成就。」

這位商人認為賺錢是件極容易的事，因此，他把賺得的錢拿出來做投機生意，但這一次他可沒有什麼好運氣了。租的第一條船設備很差，碰到一點風浪船就翻了；第二條船連必要的防禦武器都沒有，所以被海盜連船帶貨都一齊擄走；第三條船呢，雖然平安到港了，但一時間經濟蕭條，沒有了往日那種追求奢華的風氣和購物狂潮，貨物也因為積壓過久而變質了。另外，代理人的欺騙和商人花天酒地、大興土木、揮金如土的生活方式也花費了他不少的錢財。他的朋友看到他如此迅速地陷入一文不值的境況，問他道：「這是怎麼回事？」

「唉，別提了，全怪那不濟的命運。」

「您別放在心上，」朋友安慰他說，「如果命運不願意看到你幸福，至少它會教你變得謹慎小心。」

不知道他是否聽進去了這個忠告，但可以肯定的是，人們在一般情況下，總愛把成績歸功於自己的才幹，如果失敗，就會把責任推到命運女神身上了。

●生活小語：

命運女神一手拿著成功，一手拿著失敗。成功的人是靠自己的努力拿過成功的果實，而失敗的人只看到了失敗的果實。命運終究還是掌握在自己的手中，看你如何選擇了。

名人格言◆◆

各人有各人理想的樂園，有自己所樂於安享的世界，朝自己所樂於追求的方向去追求，就是你一生的道路，不必抱怨環境，也無須豔羨別人。

——羅蘭

◇◆◇沒解開的纜繩

有個人駕著一艘小船去參加朋友的婚宴。由於來客都是彼此熟悉的好友，酒席十分熱鬧，每個人都喝了不少酒。婚禮結束後，這個人向新郎告別，搖搖晃晃地走到停靠小船的河岸邊。

天色昏暗，他坐上船後，熟練而用力地搖槳。可是，划了半天仍然沒有抵達對岸，划著划著，他就在濃濃的酒意下沉沉入睡了。

第二天一早，他在刺眼的陽光中醒來，睜開睡眼，一看四周景物才發現船仍停在原來的岸邊，根本沒有移動。他以為自己夜裡撞見了鬼，嚇得驚呼而起，沒命地跳上岸邊奔逃而去。

不料一上岸就被什麼東西絆了一下而狠狠地摔了一跤，定神看去，原來是繫船的纜繩。此刻繩結仍好端端地綁在碼頭的鐵鏈上。

有些枷鎖通常不易察覺，可是人卻會深陷其中而無法自拔，言行舉止完全被牽絆住了。這一股拉扯的力量，常常讓人有心無力，人生的航程也因此而嚴重受阻。最可怕的是，這些桎梏隱藏著極大的殺傷力，並且會逐漸腐蝕心靈、磨損志氣，等到生活變得一團糟時，往往還不知道原因在哪裡。

只有解開隱藏著的桎梏與繩結，我們才能獲得真正的自由，勇往直前，邁向光明之途。然而「解鈴還需繫鈴人」，那些繩索是自己在不經意間長年累月纏綁上去的，必須細心才能解開，旁人只能告訴你繩索的位置，而真正能解開的只有你自己。

●生活小語：

人生有許多無形的枷鎖和桎梏，一不留意就會套住我們前進的雙腳，桎梏我們的心靈。而解開心靈桎梏，獲得人生自由的只能是自己，別人只能告訴你在什麼位置。

◇◆◇永不放棄

在威爾斯的某個小鎮，每到聖誕夜，鎮上所有的居民便會聚集到教堂禱告。這項傳統已經沿襲了五百多年，午夜到來前，他們就點起蠟燭，唱著聖歌和讚美詩，然後沿著鄉間小徑，走到幾裡外一棟破舊的小石屋裡。他們在屋裡擺起馬槽，模仿當年耶穌誕生的情景，然後懷著虔誠的心情跪下祈禱。他們和諧的歌聲讓十二月凜冽的寒風變得溫暖起來，凡是能走路的人都不會錯過這場神聖的儀式。

鎮上的居民都相信，只要他們在聖誕夜滿懷信心地祈禱，那麼在午夜來臨的那一刻，耶穌基督會在他們眼前復活。五百年來，世世代代的居民都會到這小石屋裡祈禱，但每一年他們都失望而歸。

有人問一個居民：「你真相信耶穌基督會再次在鎮上現身嗎？」

他搖了搖頭說：「我不相信。」

「那你為什麼每年都去小石屋呢？」那個人好奇地問。

他笑著回答：「萬一有朝一日耶穌復活了，而我沒親眼目睹，那我不是會遺憾終身嗎？」

●生活小語：

要想使自己的命運朝著自己想要的方向發展，就一定要有永遠再試一次的決心。面對不屈不撓的你，命運女神也會會心一笑。

名人格言

為了追求光和熱，將身子撲向燈火，終於死在燈下，或者浸在油中，飛蛾是值得讚美的，在最後的一瞬間，它得到光，得到熱了。

——巴金

◇◆◇有智慧的牧師

一個人因為一件小事和鄰居爭吵起來，爭論得面紅耳赤，誰也不肯讓誰。最後，那人氣呼呼地跑去找牧師，牧師是當地最有智慧、最公道的人。

「牧師，您來幫我們評評理吧！我那鄰居簡直是一堆狗屎！他竟然……」那個人怒氣衝衝，一見到牧師就開始了他的抱怨和指責，正要大肆指責鄰居的不對，就被牧師打斷了。

牧師說：「對不起，正巧我現在有事，麻煩你先回去，明天再說吧。」

第二天一大早，那人又憤憤不平地來了，不過，已經沒有昨天那麼生氣了。「今天，您一定要幫我評出個是非對錯，那個人簡直是……」他又開始數落起別人的劣行。

牧師又說：「你的怒氣還是沒有消除，等你心平氣和後再說吧！正好我的事情還沒有辦好。」

一連好幾天，那個人都沒有來找牧師了。牧師在前往佈道的路上遇到了那個人，他正在農田裡忙碌著，心情顯然又平靜了許多。

牧師問道：「現在，你還需要我來評理嗎？」說完，微笑地看著對方。

那個人羞愧地笑了笑，說：「我已經心平氣和了！現在想來也不是什麼大事，不值得生氣的。」

牧師說：「這就對了，我不急於和你說這件事情就是想給你時間消消氣啊！記住：不要在氣頭上說話或行動。」

怒氣有時候會自己溜走，稍稍耐心地等一下，不必急著發作，否則會惹出更多的怒氣，付出更大的代價。

●生活小語：

人生路上會遇到許多不如意的事，跌跌撞撞也少不了，是心平氣和的去化解還是怒火沖天的去對待，往往一件小事就能決定今後的命運如何。

◇◆◇空著手的旅行者

三個旅行者同時住進了一家旅店。早上出門時，一個旅行者帶了一把傘，一個拿了一根拐杖，第三個則兩手空空。

晚上歸來時，拿雨傘的人淋濕了衣服，拿拐杖的人跌得全身是泥，而空手的人卻衣不濕，身無泥。前兩個人都很奇怪，問第三個人這是為什麼。

第三個旅行者沒有回答，他反過來問拿傘的人：「你為什麼淋濕了卻沒有摔跤呢？」

「下雨的時候，我很高興有先見之明，就有恃無恐地撐開傘大膽地在雨中走，以為不會被淋濕，可是衣服還是濕了不少。當我走到泥濘難行的地方，想想自己又沒有拐杖，所以走起來格外小心，生怕摔跤，結果一路走回來反而沒事。」聽完第一個人說的話，第三個人又問拿拐杖者為何沒有淋雨，反而摔得滿身是泥。對方是這樣回答的：「下雨時，沒有傘我就挑能躲雨的地方走或停下來避雨。泥濘難行的地方我便用拐杖拄著走，沒想到反而跌了跤。」

空手的旅行者哈哈大笑，說：「下雨時我挑能躲雨的地方走，路不好走時我就格外小心，所以我沒有淋著也沒有摔著。看樣子，你們有可以憑藉的優勢反而不會謹慎行事，發揮自己的主動性。也難怪你們會掉以輕心，結果自然是反受其害了。」

●生活小語：

優勢和劣勢永遠是相對的，如何把劣勢轉化為優勢，如何好好利用已有的優勢發揮更大的作用，這不但要看個人的努力，還要看個人的悟性。

◇◆◇腳踏實地的人生

從前，有個年輕的農夫和情人相約在一棵大樹下見面。他性子急，很早就來了。雖然春光明媚，鮮花爛漫，但他急躁不安，無心觀賞，頹喪地坐在大樹下長籲短歎。

忽然他面前出現了一個小精靈。「你等得不耐煩了吧！」精靈說，「把這個鈕扣縫在衣服上吧。要是遇上不想等待的時候，向右旋轉一下鈕扣，你想跳過多長時間都可以。」

小夥子高興得不得了，握著鈕扣，輕輕地轉了一下。

啊！真是奇妙！情人馬上出現在他的眼前，正脈脈含情地凝望著他呢！要是現在就舉行婚禮該有多棒啊！

他心裡暗暗地想著。他又轉了一下，隆重的婚禮、豐盛的酒席出現在他的面前；美若天仙的新娘依偎著他；樂隊奏響著歡快的音樂，他深深地陶醉其中。他看著美麗的新娘，又想，如果現在只有我們倆該多好！

不知不覺中鈕扣又轉動了一點，立刻夜闌人靜……

他心中的願望一直湧現，我還要一所大房子，前面是我自己的花園和果園。他轉動著鈕扣，我還要一大群可愛的孩子。頓時，一群活潑健康的孩子在寬敞的客廳裡愉快地玩耍。

他又迫不及待地將鈕扣向右轉了一大圈。

時光如梭，還沒有看到花園裡開放的鮮花和果園裡累累的果實，一切就被茫茫的大雪覆蓋了。再看看自己，鬚髮皆白，早已經老態龍鍾了。

他懊悔不已：我情願一步步走完一生，也不要這樣匆匆而過，還是讓我耐心等待吧！扣子猛地向左動了，他又回到在那棵大樹下等著可愛情人的時間。但他的焦躁煙消雲散了，心平氣和地看著蔚藍的天空，鳥叫聲是如此悅耳，草叢裡的甲蟲是那麼可愛。

原來，人生不能跳躍著前行，耐心等待才能讓生命的歷程充滿樂趣。

●生活小語：

人生無法跳躍前行，但人生的每一步要怎樣走，以什麼樣的速度走，走的質量如何都在每個人自己的掌控之中。

名人格言

一個人能否成功，固然要靠天才，要靠努力，但善於創造時機，及時把握時機，不因循、不觀望、不退縮、不猶豫，想到就做，有嘗試的勇氣，有實踐的決心，多少因素加起來才可以造就一個人的成功。所以，儘管說，有人的成功在於一個很偶然的機會，但認真想來，這偶然的機會能被發現，被抓住，而且被充分利用，卻又絕不是偶然的。

——羅蘭

◇◆◇不要消極的等待

一位富甲一方的企業家到一個貧困地區考察。當他目睹當地一戶貧困人家吃飯的情形時禁不住落淚了。

原來這戶人家吃飯的碗竟是幾只破得不能再破的陶罐，更讓他驚訝的是，他們全家連一雙筷子也沒有，都是直接用手抓的。

這位仁慈的企業家無比同情，決心要幫助這戶人家。可是當他走出他們的家門後，又馬上改變了主意，因為他看到這戶人家的房前屋後都長著適合做筷子的竹子。

另外還有一個貧窮家庭的故事。

一位女工的丈夫早年病逝，欠下了好多錢，留下兩個孩子，其中一個還有殘疾。

女工薪水微薄要養活三個人，還要還債。但這位女工臉上的笑容就像她的房間一樣明朗。漂亮的門簾是她自己用紙做的，儘管廚房的調味品只有油和鹽，但油瓶和鹽罐都擦得乾乾淨淨。她剪下舊鞋的鞋底，再用舊毛線織出帶有美麗圖案的鞋幫，穿著好看又暖和。

女工逢人就說，家裡的冰箱洗衣機都是鄰居淘汰下來送給她的，很好用；孩子都很懂事，做完功課後還幫她做家事……

●生活小語：

不思進取的懶惰帶來的必然是貧窮。節儉和窮則思變必將逐步走上幸福之路。是貧窮還是幸福，要靠自己去把握，一味的等待等來的只有貧窮。

◇◆◇賣牛奶的女孩

一個女孩在清晨拿著擠好的牛奶到街上去賣。

在這之前女孩已經去街上賣過很多次牛奶了，所以對於上街的路線、市場的地點，以及如何賣個好價錢都相當清楚。她和以往一樣，把牛奶罐頂在頭上，走在通往市街的路上。

天空晴朗，涼風輕柔地吹拂著面頰，女孩卻對這一切無動於衷。她的心早就飛到了繁華熱鬧的大街上，滿腦子想的都是賣完牛奶後的打算。那時候，她的手上會有一筆錢，往常她總會在賣完牛奶後到市場上買各種各樣的小東西，這是女孩私下最大的樂趣。一想到那些形狀特別的水果、香甜可口的甜點，還有色彩鮮亮的布料，女孩就開心無比。她想像著在市場上閒逛的輕鬆自在，心裡快活極了，這可是她那些居住在鄉村裡的夥伴們無法享受到的。

「對了，甜點鋪的隔壁有賣漂亮的圍巾。今天去那裡瞧一瞧，或許會找到花色美妙的圍巾。圍上那條圍巾到街上的廣場走一走，別人肯定認為我是城市出身的女孩或者是好家庭出身的女孩。也許會有人跟我搭訕，那時候該怎麼辦？如果那個人長得不怎麼樣，我就只報以淺淺的微笑，直接拒絕。如果那個人很英俊，家世看來也不錯，我要怎麼辦呢？如果那個人問我要不要參加今天晚上的舞會，還伸出手來邀請，我又該怎麼辦呢？在那樣的情況下，我即使想接受，也要先隔一點時間，然後才嫣然一笑，給予答覆。我必須做出千金小姐的模樣，稍微屈膝，點頭致意才行……」

好像自己的面前就有一個紳士站在她的面前邀請她跳舞似的，女孩稍稍屈膝，伸出一隻手，垂下眼睛致意。這時，頭上的牛奶罐掉到地上摔破了。

●**生活小語：**

人生和命運不是單靠空想就能想出來的，只沉溺於幻想的人，最終是會一無所獲的。

◇◆◇鑽石就在你身邊

在美國西北部蒙大拿州西部邊境比特魯特山邊的達比鎮，人們好多年都習慣於仰望那座晶山。晶山之所以獲得這個名稱，是因為它被侵蝕，也已暴露出一條凸出的狹窄部分，這部分是微微發光的晶體，看上去有點像岩鹽。早在一九三七年，這裡就修建了一條直接越過這塊露面岩層的小徑。但是此後一直到一九五一年，並沒有一個人耐煩地彎下身子去撿起一塊發亮的礦物質，好好地把它觀察一下。

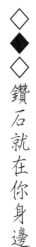

就在一九五一年，康賴先生和湯普生先生看見一種礦石的集合物陳列於這個小鎮，感到十分激動。他們看到礦物展品中的綠玉標本上，附有一張卡片，說明綠玉可用於原子能探索，便立刻在晶山上立柱，表示所有權。

湯普生把礦石的樣品送到斯波堪城的礦務局，並要它派一名檢驗員來察看一種「儲量巨大」的礦物。一九五一年的下半年，該礦務局就派了一部推土機上山採取礦石樣品並進行成份分析，認定這裡確是極有價值的世界最大的鐵的儲藏地之一。今天一些沉重的運土卡車陸續奮力登山，又載著極為沉重的礦石慢慢地闖出一條下山的回路；而在山腳下等待他們的實際是手中拿著支票的美國鋼鐵公司和美國政府的代表。他們每人都急於購買這些礦石。

●生活小語：

只有傻子才肯捨棄眼前生活，而另去那個虛無飄渺的遠方，作好高騖遠、不著邊際的追求。只要你不懈地挖掘自己的寶藏，即不懈地運用自己的潛能，你就能夠做好你想做的一切，你就能成為自己生活的主宰。

◇◆◇智者與上帝的對話

有一天，上帝來到人間。遇到一個智者，正在鑽研人生的問題。上帝敲了敲門，走到智者的跟前說：「我也為人生感到困惑，我們能一起探討探討嗎？」

智者畢竟是智者，他雖然沒有猜到面前這個老者，就是上帝，但也能猜到絕不是一般的人物。他正要問上帝您是誰，上帝說：「我們只是探討一些問題，探討完我就走了，沒有必要說一些其他的問題。」

智者說：「我越是研究，就越是覺得人類是一個奇怪的動物。他們有時候非常善用理智，有時候卻非常的不明智，而且往往在大的方面迷失了理智。」

上帝感慨地說：「這個我也有同感。他們厭倦童年的美好時光，急著成熟，但長大了，又渴望返老還童；他們健康的時候，不知道珍惜健康，往往犧牲健康來換取財富，然後又犧牲財富來換取健康；他們對未來充滿焦慮，但卻往往忽略現在，結果既沒有生活在現在，又沒有生活在未來之中；他們活著的時候好像永遠不會死去，但死去以後又好像從沒活過，還說人生如夢……」

智者對上帝的論述感到非常的精闢，他說：「研究人生的問題，很是耗費時間的。您怎麼利用時間呢？」

「是嗎？我的時間是永恆的。對了，我覺得人一旦對時間有了真正透徹的理解，也就真正弄懂了人生了。因為時間包含著機遇，包含著規律，包含著人間的一切，比如新生的生命、沒落的塵埃、經驗和智慧，等等人生至關重要的東西。」

智者靜靜地聽上帝說著，然後，他要求上帝對人生提出自己的忠告。

上帝從衣袖中拿出一本厚厚的書，上面卻只有這麼幾行字：

人啊！你應該知道，你不可能取悅於所有的人；最重要的不是去擁有什麼東西，而是去做什麼樣的人和擁有什麼樣的朋友；富有並不在於擁有最多，而在於貪欲最少；在所愛的人身上造成深度創傷只要幾秒鐘，但是治療它卻要很長很長的時光；有人會深深的愛著你，但卻不知道如何表達；金錢唯一不能買到的，卻是最寶貴的，那便是幸福；寬恕別人和得到別人的寬恕還是不夠的，你也應當寬恕自己；你所愛的，往往是一朵玫瑰，並不是非要極力地把它的刺根除掉，你能做的最好的，就是不要被它的刺刺傷，自己也不要傷害到心愛的人；尤其重要的是：很多事情錯過了就沒有了，錯過了就是會變的。

智者看完了這些文字，激動地說：「只有上帝，才能……」抬頭一看，上帝已經走的無影無蹤了，只是周圍還飄著一句話：「對每個生命來說，最最重要的便是：只有自己才是自己的上帝。」

●生活小語：

其實對萬物都不要寄予太高的期望，誰也無法保證它不是空中樓閣。惟有在過程中尋找快樂。人生就如同一條綿延的小路，永遠不要希望一眼望穿，那不是真實，也不現實，一路哼歌，看看四周變換的風景，也不失為一種樸素的快樂。

◇◆◇胡蘿蔔、雞蛋和咖啡

一個女兒對父親抱怨她的生活，抱怨事事都那麼艱難。她不知該如何應付生活，想要自暴自棄了。她已厭倦抗爭和奮鬥，好像一個問題剛解決，新的問題就又出現了。

她的父親是位廚師，他把她帶進廚房。他先往三個鍋裡倒入一些水，然後把它們放在爐火上燒。不久鍋裡的水燒開了。他往其中一個鍋裡放些胡蘿蔔，第二個鍋裡放顆雞蛋，最後一個鍋裡放入碾成粉末狀的咖啡豆。他將它們浸入開水中煮，一句話也沒有說。

女兒不耐煩地等待著，納悶父親在做什麼。大約二〇分鐘後，他將火關了，把胡蘿蔔撈出來放入一個碗內，把雞蛋撈出來放入另一個碗內，然後又把咖啡舀到一個杯子裡。做完這些後，他才轉過身問女兒，「親愛的，妳看到什麼了？」「胡蘿蔔、雞蛋、咖啡」，她回答。

他讓她靠近些並讓她用手摸摸胡蘿蔔。她摸了摸，注意到它們變軟了。父親又讓女兒拿雞蛋並打破它。將殼剝掉後，她看到了是顆煮熟的雞蛋。最後，他要她喝了咖啡。品嚐到香濃的咖啡，女兒笑了。她問：「父親，這意味著什麼？」

父親解釋說，這三樣東西面臨同樣的逆境——煮沸的開水，但其反應各不相同。胡蘿蔔入鍋之前是強壯的，結實的，毫不示弱；但進入開水之後，它變軟了，變弱了。雞蛋原來是易碎的，它薄薄的外殼保護著它的液體。但是經開水一煮，它的液體變硬了。而粉狀咖啡豆則很獨特，進入沸水之後，它們反倒改變了水。「妳是哪個呢？」他問女兒。「當逆境找上門來時，妳該如何反應？妳是胡蘿蔔，是雞蛋，還是咖啡豆？」

●生活小語：

你呢，我的朋友，你是看似強硬，但遭遇痛苦和逆境後畏縮了，變軟弱了，失去了力量的胡蘿蔔嗎？你是內心原本可塑的雞蛋嗎？你先是個性情不定的人，但經過死亡、分手、離婚或失業，是不是變得堅強了，變得倔強了？你的外表看似從前，但你是不是因有了堅強的性格和內心而變得嚴厲強硬？了或者你像是咖啡豆嗎？豆子改變了給它帶來痛苦的開水，並在它達到高溫時讓它散發出最佳的香味。水最燙時，它的味道更好了。如果你像咖啡豆，你會在情況最糟糕時，變得有出息了，並使周圍的情況變好了。

問問自己是如何對付逆境的，而你是胡蘿蔔，是雞蛋，還是咖啡豆？

名人格言

並非每一個災難都是禍；早臨的逆境常是幸福。經過克服的困難不但給了我們教訓，並且對我們未來的奮鬥有所激勵。

——（英）波普

◇◆◇泥人過河

某一天，上帝宣旨說，如果哪個泥人能夠走過祂指定的河流，祂就會賜給這個泥人一顆永不消失的金子般的心。

這道旨意下達之後，長時間內都沒有泥人敢於冒這個險。過了很多年，終於有一個小泥人站了出來，說他想過河。

「泥人怎麼能過河呢？你不要白日做夢了。」

「你知道肉體一點一點失去的那種感覺嗎？」

「你將會成為魚蝦的美食，連一根頭髮都不會留下……」

儘管很多人都勸阻他，然而，這個小泥人決意要過河。他不想一輩子只做這樣一個小泥人。他想擁有自己的天堂。但是，他也知道，要到天堂，必須先過地獄——就是他將要去經歷的河流。

小泥人來到河邊，猶豫了片刻，便把他的雙腳踏進了水中。

頓時，一種撕心裂肺的疼痛籠罩了他。他感到自己的腳在飛快地溶化著，每一分每一秒都在遠離自己的身體。

「快回去吧，不然你會被毀滅的！」河水咆哮著說。

小泥人沒有回答，只是默默地往前挪動。一步，又一步……這一刻，他忽然明白，他的選擇，使他連後悔的資格都不具備了。如果倒退上岸，他就是一個殘缺的泥人；在水中遲疑，只能夠加快自己的毀滅。而上帝給他的承諾，似乎比死亡還要遙遠。

小泥人以一種讓人無法想像的方式向前挪動著，一點，一點……魚蝦貪婪地啄著他的身體，鬆軟的泥沙使他每一秒都搖搖欲墜。有無數次，他都差一點葬身於波浪之中。小泥人真想躺下來休息一下啊！可是他知道，一旦躺下就會永遠安眠，連痛苦的機會都會失去。他只能忍受，奇妙的是，每當他覺得自己將要死去的時候，總有什麼東西能夠使他堅持到下一刻。

不知道過了多久——簡直就到了讓他絕望的時候，他突然發現，自己居然上岸了。他如釋重負，欣喜若狂，正想往草坪上走，又怕自己的衣衫沾汙了天堂的潔淨。

他低下頭，開始打量自己，卻吃驚地發現，他已經什麼都沒有了——除了一顆金燦燦的心。而他的眼睛，正長在他的心上。

●生活小語：

在人生的道路上，只有勇敢地剝去自己身上的「泥土」，才能令自己身上金子般的智慧展現出來，才能成就偉大的事業。

名人格言◆◆

信仰不是逢場作戲，不是作為形式上的信仰，而是生平一貫地作為精神支柱的信仰。

——（日）池田大作

◇◆◇不做守株待兔的人

三個夜行人突然遇見一群狼的襲擊。他們手無寸鐵。正在惶恐不安中，一個過路的獵人解了他們的圍。獵人開槍打死了一隻狼，其餘的狼便逃命去了。

獵人和三個夜行人點燃黃火，一邊烤狼肉，一邊聊天。他們和獵人成了朋友。

「獵人大哥，明年這時候我路過這裡時，會給你帶來一匹棉布，你家就不愁穿衣了。」一個商人說。

「獵人大哥，明年這時候我也會路過這裡，到時，我會給你送來一車糧油，你全家就不愁吃飯了。」一個種糧大戶說。

「獵人大哥，明年這時候我同樣會來，我會給你帶來一支上好的獵槍。」一個槍販子說。

一年後，在三個夜行人與獵人約好的日子裡，獵人來到路邊等待。他讓他的妻子和孩子什麼事也不要做了，他說。朋友會把吃的穿的都送來的。他折斷了自己的舊獵槍，等待著新獵槍。

可是，一天又一天過去了，一個月又一個月過去了，三個朋友竟沒有一個到來。

孩子餓死了，妻子也餓死了，獵人自己也奄奄一息，但他仍然堅持站在路邊等待。

這一天，商人終於來了，他果然給他帶來幾匹棉布。

「對不起老哥，外地一個生意耽誤了我的行程。為了彌補我的過錯，我給您帶來三匹棉布。」商人歉疚地說。

第二天，另一個朋友給他拉來兩大車糧油。

「對不起老哥，路上遇到了大水，阻擋了行程，今天我給你送來兩車糧油。」種糧大戶說。

第三天，另外那個槍販子背著一支嶄新的獵槍來了，他對獵人說，由於一筆生意出了差錯，所以現在才趕來。為了彌補自己的過失，他給獵人還背來了一萬發子彈。

獵人有氣無力地說：

「可是這有什麼用呢？我的孩子餓死了，妻子也餓死了，我自己也活不過明天，這些東西於我已經無用了。」獵人說完，閉上了眼睛。

三個朋友面面相覷，他們沒有想到，獵人由於對他們寄予了太大希望，而出現了如此嚴重的後果。他們也不明白，是自己的錯，還是獵人的錯。

●生活小語：

不要對別人期望過高，不應該期望任何人為了另一個人的生活而改變他的生活主流。羅素的哲理如今依然是一種警示。

不管你做任何事情，都不要把別人的承諾當作既定的事實，如果你因此而放棄了你既定的計畫而一心寄望於別人，那麼最後吃虧的人一定是你。

沒有成為現實的許諾在其實現之前都只是一種假設。而假設就一定有成與不成的兩種可能。做事情的時候也是這樣，做最壞的打算付出最大的努力才是成事之道。

生活和工作都是一樣，最可靠的就是你自己的努力。總寄希望於別人的幫助和允諾，會滋長人的惰性。

名人格言

我不認為不管人們如何努力，都會得到同樣的命運；但我確信，除非他們付出行動，否則就會淪落同樣的命運。

——（英）柴斯特頓

◇◆◇生命的價值

有一個生長在孤兒院裡的小男孩，常常悲觀地問院長：「像我這樣沒人要的孩子，活著究竟有什麼意思呢？」

院長總是笑而不答。

有一天，院長交給男孩一塊石頭，說：「明天早上，你拿這塊石頭到市場上去賣，但不是『真賣』，記住，無論別人出多少錢，絕對不能賣。」

第二天，男孩拿著石頭蹲在市場的角落，意外地發現有不少人對他的石頭感興趣，而且價錢愈出愈高。回到院裡，男孩興奮地向院長報告，院長笑笑，要他明天把石頭拿到黃金市場去賣。在黃金市場上，有人想出比昨天高十倍的價錢來買這塊石頭。

最後，院長叫孩子把石頭拿到寶石市場上去展示，結果，石頭的身價又漲了十倍，由於男孩堅決不賣，這石頭竟被傳揚為「稀世珍寶」。

男孩高興地捧著石頭回到孤兒院，問院長為什麼會這樣。

院長望著孩子慢慢說道：「生命的價值就像這塊石頭一樣，在不同的環境下就會有不同的意義。一塊不起眼的石頭，由於你的珍惜、惜售而提升了它的價值，被傳為稀世珍寶。你不就像這塊石頭一樣？只要自己看重自己，自我珍惜，生命就有意義，有價值。」

●生活小語：

自己把自己不當回事，別人會更加瞧不起你，生命的價值首先取決於你自己的態度，珍惜獨一無二的你自己，珍惜這短暫的幾十年光陰，不斷地去充實自己、發掘自己，最後世界才能認同你的價值。

◇◆◇斷崖邊的百合

在一個偏僻遙遠的山谷裡，有一個高達數千尺的懸崖。不知道什麼時候，斷崖邊上長出了一株小小的百合。

百合剛誕生的時候，長得和一般的雜草差不多，沒什麼太大的區別。但是，它心裡知道自己並不是一株野草。在它內心深處，有一個堅定的念頭：「我是一株百合，不是一株野草。唯一能證明的方法，就是綻放出美麗的花朵。」

有了這個念頭，百合努力地吸收水分和陽光，深深地紮根，直直地挺著胸膛。終於在一個春天的清晨，百合的頂部結出了第一個花苞。

百合心裡非常高興，而在它附近的那些雜草卻對它很不屑，它們在私底下嘲笑著百合：「這傢夥和咱們明明一樣，可它偏偏說自己是一株花，看來它頂上結的不是花苞，而是頭腦長瘤了。」公開場合時它們則譏諷百合：「你不要做夢了，別說你不會開花，即便你真的會開花，在這荒郊野外的破山上，也沒人會欣賞你。」

偶爾也有飛過的蜂蝶鳥雀，牠們也會勸百合不用那麼努力開花：「在這斷崖邊上，縱然開出世界上最美的花，但和周圍的那些草有什麼不同？一點價值都沒有。」

百合卻說：「我要開花，是因為我知道自己有美麗的花；我要開花，是為了完成作為一株花的莊嚴使命；我要開花，是喜歡以花來證明自己的存在。不管有沒有人欣賞，不管你們怎麼看我，我都要開花！」

在野草和蜂蝶的鄙夷下，百合努力地釋放內心的能量。有一天，它終於開花了，它那靈性的白和秀挺的丰姿，成為斷崖上最美麗的風景。

這時候，野草與蜂蝶再也不敢嘲笑它了。

百合花一朵一朵地盛開著，花朵上每天都有晶瑩的水珠，野草們以為那是昨夜的露水，只有百合自己知道，那是因為深深的喜悅凝成的淚滴。

年年春天，百合努力地開花、結籽。它的種子隨著風落在山谷、草原和懸崖邊。終於，整個山谷都開滿了潔白的百合。幾十年後，人們千里迢迢來到這個山谷，欣賞百合花。後來，那裡被人稱為「百合谷地」。

生活小語：

每一個人在做一件事的時候，都會遇到別人的冷嘲熱諷，關鍵是你要認清楚自己，絕對不能被那些傷人的話擊倒，更要用你的實力來證明你的能力。

名人格言

如果你對自己都沒有信心的話，很少有人會對你有信心。勝利終將屬於那些相信自己能夠成功的人。

——（英）理查・巴赫

◇◆◇一支折斷的箭

春秋戰國時代，一位父親和他的兒子出征打戰。父親已做了將軍，兒子還只是馬前卒。

又一陣號角吹響，戰鼓雷鳴了，父親莊嚴地托起一個箭囊，其中插著一支箭。父親鄭重對兒子說：「這是家襲寶箭，配帶身邊，力量無窮，但千萬不可抽出來。」

那是一個極其精美的箭囊，厚牛皮打製，鑲著幽幽泛光的銅邊，再看露出的箭尾。一眼便能認定是用上等的孔雀羽毛製作。兒子喜上眉梢，貪婪地推想箭杆、箭頭的模樣，耳旁彷彿嗖嗖地箭聲掠過，敵方的主帥應聲折馬而斃。

果然，配帶寶箭的兒子英勇非凡，所向披靡。當鳴金收兵的號角吹響時，兒子再也忍不住得勝的豪氣，完全背棄了父親的叮囑，強烈的欲望驅趕著他拔出寶箭，試圖看個究竟。驟然間他呆住了。

一支斷箭，箭囊裡裝著一支折斷的箭。

「我一直帶著支斷箭打仗呢！」兒子嚇出了一身冷汗，彷彿頃刻間失去支柱的房子，轟然意志坍塌了。

結果不言自明，兒子慘死於亂軍之中。

拂開濛濛的硝煙，父親撿起那柄斷箭，沉重地說：「不相信自己的意志，永遠也當不成將軍。」

把勝敗寄託在一支寶箭上，多麼愚蠢，而當一個人把生命的核心與把柄交給別人，又多麼危險！比如把希望寄託在兒女身上；把幸福寄託在丈夫身上；把生活保障寄託在公司身上……

●**生活小語：**

自己才是一支箭，若要它堅韌，若要它鋒利，若要它百步穿楊，百發百中，磨礪它，拯救它的都只能是自己。

◇◆◇人生的兩個機會

美國加州有位剛畢業的大學生，在二〇〇三年的冬季大徵兵中他依法被徵召，即將到最艱苦也是最危險的海軍陸戰隊去服役。

這位年輕人自從獲悉自己被海軍陸戰隊選中的消息後，便顯得憂心忡忡。在加州大學任教的祖父見到孫子一副魂不守舍的模樣，便開導他說：「孩子啊，這沒什麼好擔心的。到了海軍陸戰隊，你將會有兩個機會，一個是留在內勤部門，一個是分配到外勤部門。如果你分配到了內勤部門，就完全用不著擔驚受怕了。」

年輕人問爺爺：「那要是我被分配到了外勤部門呢？」

爺爺說：「那同樣會有兩個機會，一個是留在美國本土，另一個是分配到國外的軍事基地。如果你被分配在美國本土，那又有什麼好擔心的。」

年輕人問：「那麼，若是被分配到了國外的基地呢？」

爺爺說：「那也還有兩個機會，一個是被分配到和平而友善的國家，另一個是被分配到維和地區。如果把你分配到和平友善的國家，那也是件值得慶幸的好事。」

年輕人問：「爺爺，那要是我不幸被分配到維和地區呢？」

爺爺說：「那同樣還有兩個機會，一個是安全歸來，另一個是不幸負傷。如果你能夠安全歸來，那擔心豈不多餘。」

年輕人問：「那要是不幸負傷了呢。」

爺爺說：「你同樣擁有兩個機會，一個是依然能夠保全性命，另一個是完全救治無效。如果尚能保全性命，還擔心它幹什麼呢。」

年輕人再問：「那要是完全救治無效怎麼辦？」

爺爺說：「還是有兩個機會，一個是作為敢於衝鋒陷陣的國家英雄而死，一個是唯唯諾諾躲在後面卻不幸遇難。你當然會選擇前者，既然會成為英雄，有什麼好擔心的。」

是啊，無論人生遇到什麼樣的際遇，都會有兩個機會。一個是好機會，一個是壞機會。好機會中，藏匿著壞機會，而壞機會中，又隱含著好機會。關鍵是我們以什麼樣的眼光，什麼樣的心態，什麼樣的視角去對待它。

如果用樂觀曠達、積極向上的心態去看待，那麼壞機會也會成為好機會。如果用消極頹廢、悲觀沮喪的心態去對待，那麼，好機會也會看成是壞機會。

生活小語：

人生的際遇中，始終存在著兩個機會。對那些樂觀曠達、心態積極的人而言，兩個都是好機會。對那些悲觀沮喪、心態消極的人而言，則兩個都是壞機會。

名人格言

當生活像一首歌那樣輕快流暢時，笑顏常開乃易事；而在一切事都不妙時仍能微笑的人，才活得有價值。

——（德）威爾科克斯

◇◆◇心態決定生活的質量

鮑伯和妻子泰瑞在一、二月買了一輛新車。即使他們可以買到機票從加州飛到休士頓和她的家人過耶誕節，他們還是決定開新車到德州去。他們打包上車，和祖母度過一個愉快的星期。

他們過得很愉快，在祖母家留到最後一分鐘才肯走。回程時他們必須趕路回家，所以他們不眠不休地趕路——一個人開車，一個人睡覺。經過一場連下幾個小時的大雨後，在深夜抵達家門。他們累極了，只想洗個熱水澡．睡在柔軟的床上。鮑伯感覺不管再怎麼累，當晚也該把東西從車上卸下來，但泰瑞只想趕快洗澡睡覺，所以他們決定，早上再說。

早上七點，他們起床梳洗後決定把東西卸下車。當他們打開前門時，他們的車道上卻看不到車子！

泰瑞和鮑伯面面相覷，看看車道，又彼此對看，又回頭看車道，又彼此對看。然後泰瑞問伯鮑一個妙極了的問題：「喂，你把車停在哪裡？」

鮑伯笑著回答：「就在車道上。」他們很確定車停的地方，但他們卻還往外走，希望看到車子奇蹟似的自己停到車道外，在街邊停下，但沒有。

悵然若失的他們打電話報警叫員警來做筆錄，讓員警啟動他們新車上的追蹤系統。又為了安全，他倆打電話給追蹤系統公司。對方保證說有九八%的機率在兩個小時內找回失車。兩小時內。鮑伯一直打電話問：「我的車在哪裡？」

「我們還沒找到，鮑伯先生，但在四小時內還是有九四%的機會。」

又過了兩個小時。鮑伯又打電話問：「我的車呢？」

他們再次恢復：「我們還沒找到，不過八小時內還是有九〇%的尋獲率。」

那時鮑伯告訴他們：「你們的這些機率現在對我毫無意義，所以請在你們找到它時再打電話給我。」

那天稍晚，電視廣告上一個汽車製造商問：「你難道不喜歡在你的車道停著這樣一輛車子嗎？」

鮑伯回答：「是的！昨天我就做了這件事。」

一整天毫無消息的折磨使泰瑞漸漸變得更加煩惱，尤其當她不斷想起車子裡放了多少東西時——他們的結婚相簿、絕版的上一代家庭照片、衣服、所有的照相器材、鮑伯的皮夾和支票本，只有幾張簽上了名字。沒有這些東西他們還是活得下去，但它們在那時似乎很重要。

充滿焦慮與挫折的泰瑞問鮑伯：「我們的新車和東西都丟掉了，你麼還能開玩笑？」

鮑伯看著她。說：「親愛的，我們可以因丟了車而煩惱，也可以因丟了車而快樂。總而言之，我們的車被偷了。我真的相信我們可以選擇態度和心情，現在我選擇讓自己快樂。」

五天後，他們的車回來了，車上的東西都已經失蹤了，車子的損壞也超過三〇〇〇美元。

鮑伯把它送去維修，並因為聽說會在一週內把它修好而感到高興。

這一週結束時，鮑伯還了租來的車，把他們的車開回家，感到十分興奮。而且鬆了一口氣。

不幸的是。這樣的感覺很短暫。回家的路上，鮑伯在他們公路出口的交叉路上撞上另一部車。鮑伯沒有損壞別人的車。但卻損壞了自己的車——另一筆三〇〇〇美元的損失，還有一筆保險理賠等著他。

鮑伯把車子開進他們的車道，但他出去觀察損失情況時，左邊的前輪漏了氣。

當鮑伯站在車道上看著車，開始自己打自己，責怪自己撞了別人的車時，泰瑞到家了。

她走向鮑伯，看了車，又看著鮑伯。

她看鮑伯自己打自己，就用雙臂抱著鮑伯，說：「親愛的。我們可以因有一部撞壞的車而煩惱，也可以因有一部撞壞了的車而快樂。總之，我們有一部撞壞了的車，所以我們選擇快樂吧。」

鮑伯打從心裡笑出聲來宣佈臣服，一起享受了美妙的晚上。

●生活小語：

我們可鬱悶，也可以開心，只要我們樂意，我們就可左右自己的心情。

名人格言◆◆

樂觀使你傾向於幸福健康事業順利，悲觀使你傾向於絕望、患病、失敗、憂鬱、孤獨、懦怯。樂觀是從一個災難中看到一個希望，悲觀則是從一個希望中看到一個災難。

——諺語

◇◆◇什麼樣的選擇

有三個人要被關進監獄三年，監獄長給他們三個一人一個要求。

美國人愛抽雪茄，要了三箱雪茄。

法國人最浪漫，要一個美麗的女子相伴。

而猶太人說，他要一部與外界溝通的電話。

三年過後，第一個衝出來的是美國人，嘴裡鼻孔裡塞滿了雪茄，大喊道：「給我火，給我火！」原來他忘了要火了。

接著出來的是法國人。只見他手裡抱著一個小孩子，美麗女子手裡牽著一個小孩子，肚子裡還懷著第三個。

最後出來的是猶太人，他緊緊握住監獄長的手說：「這三年來我每天與外界聯繫，我的生意不但沒有停頓，反而增長了二〇〇%，為了表示感謝，我送你一輛勞斯萊斯！」

生活小語：

什麼樣的選擇決定什麼樣的生活。今天的生活是由三年前我們的選擇決定的，而今天我們的抉擇將決定我們三年後的生活。

我們要選擇接觸最新的資訊，瞭解最新的趨勢，進而更好的創造自己的將來。

名人格言◆◆

生活是一種不斷的競爭和自我的超越。不管你是什麼身份、做什麼 工作，都需要全部的投入，千萬不要存著一種「客串」的心理，得過且過地混日子，那是最划不來的事了。

——席慕蓉

◇◆◇圓滿做完一件事情

一九六五年，一位韓國學生到劍橋大學主修心理學。在喝下午茶的時候，他常到學校的咖啡廳或茶座聽一些成功人士聊天。這些成功人士包括諾貝爾獎獲得者，某一些領域的學術權威和一些創造了經濟神話的人，這些人幽默風趣，舉重若輕，把自己的成功都看得非常自然和順理成章。時間長了，他發現在國內時，他被一些成功人士欺騙了。那些人為了讓正在創業的人知難而退，普遍把自己的創業艱辛誇大了，也就是說，他們在用自己的成功經歷嚇唬那些還沒有取得成功的人。

作為心理系的學生，他認為很有必要對韓國成功人士的心態加以研究。一九七〇年，他把《成功並不像你想像的那麼難》作為畢業論文，提交給現代經濟心理學的創始人威爾・布雷登教授。布雷登教授讀後，大為驚喜，他認為這是個新發現，這種現象雖然在東方甚至在世界各地普遍存在，但在此前還沒有一個人大膽地提出來並加以研究。驚喜之餘，他寫信給他的劍橋校友，當時正坐在韓國政壇第一把交椅上的人——樸正熙。他在信中說，「我不敢說這部著作對你有多大的幫助，但我敢肯定它比你的任何一個政令都能產生震動。」

後來這本書果然伴隨著韓國的經濟起飛了。這本書鼓舞了許多人，因為他們從一個新的角度告訴人們，成功與「勞其筋骨，餓其體膚」、「三更燈火五更雞」、「頭懸樑，錐刺股」沒有必然的聯繫。只要你對某一事業感興趣，長久地持續下去就會成功，因為上帝賦予你的時間和智慧夠你圓滿做完一件事情。後來，這位青年也獲得了成功，他成了韓國泛業汽車公司的總裁。

●生活小語：

並不是因為事情難我們不敢做，而是因為我們不敢做事情才難的。

人世中的許多事，只要想做，都能做到，該克服的困難，也都能克服，用不著什麼鋼鐵般的意志，更用不著什麼技巧或謀略。只要一個人還在樸實而饒有興趣地生活著，他終究會發現，造物主對世事的安排，都是水到渠成的。

名人格言

未來有兩種前景，一種是畏畏縮縮的，一種是充滿理想的。上帝賦予人自由的意志，讓他可以自行選擇。您的未來就看您自己了。

——（法）大仲馬

◇◆◇再試一次

有個年輕人去微軟公司應徵，而該公司並沒有刊登過招聘廣告。見總經理疑惑不解，年輕人用不太嫺熟的英語解釋說自己是碰巧路過這裡，就貿然進來了。總經理感覺很新鮮，破例讓他一試。面試的結果出人意料，年輕人表現的很糟糕。他對總經理的解釋是事先沒有準備，總經理以為他不過是找個託詞下臺階，就隨口應道：「等你準備好了再來試吧」。

一週後，年輕人再次走進微軟公司的大門，這次他依然沒有成功。但比起第一次，他的表現要好得多。而總經理給他的回答仍然同上次一樣：「等你準備好了再來試。」

就這樣，這個青年先後五次踏進微軟公司的大門，最終被公司錄用，成為公司的重點培養對象。

●生活小語：

也許，人生旅途上沼澤遍佈，荊棘叢生；也許我們追求的風景總是山重水複，不見柳暗花明；也許，我們前行的步履總是沉重、蹣跚；也許，我們需要在黑暗中摸索很長時間，才能找尋到光明；也許，我們虔誠的信念會被世俗的塵霧纏繞，而不能自由翱翔；也許，我們高貴的靈魂暫時在現實中找不到寄放的淨土……那麼，我們為什麼不可以以勇敢者的氣魄，堅定而自信地對自己說一聲「再試一次！」

名人格言◆◆

明智的人絕不坐下來為失敗而哀號，他們一定樂觀地尋找辦法來加以挽救。

——（英）莎士比亞

◇◆◇走自己的路

一隻狼出去找食物，找了半天都沒有收穫。偶然經過一戶人家，聽見房中孩子哭鬧，接著傳來一位老太婆的聲音

「別哭啦，再不聽話，就把你扔出去餵狼吃。」狼一聽此言，心中大喜，便蹲在不遠的地方等。

太陽落山了，也沒見老太婆把孩子扔出來。晚上，狼已經等得不耐煩了，轉到房前想伺機而入，卻又聽老太婆說：

「快睡吧，別怕，狼來了，咱們就把牠殺死煮來吃。」狼聽了，嚇得一溜煙跑回老窩。同伴問牠收穫如何，牠說：「別提了，老太婆說話不算數，害得我餓了一天，不過幸好後來我跑得快。」

生活小語：

別人信口開河，你就信以為真，全然不知許多時候人家只是在拿你說事而已。不要讓別人的話改變了你的正常工作、生活。

名人格言

戰士是不知道畏縮的。他的腳步很堅定。他看定目標，便一直向前走去。他不怕被絆腳石摔倒，沒有一種障礙能使他改變心思。

——巴金

◇◆◇抓住一切機會

有個年輕人，想發財想到幾乎發瘋的地步。每每聽到哪裡有財路，他便不辭勞苦地去尋找。有一天，他聽說附近深山中有位白髮老人，若有緣與他見面，則有求必應，一定不會空手而歸。

於是，那年輕人便連夜收拾行李，趕上山去。

他苦等了五天，終於見到了傳說中的老人，他向老者請求，賜珠寶給他。

老人便告訴他說：「每天早晨，太陽未東升時，你到村外的沙灘上尋找一粒『心願石』。其他石頭是冷的，而那顆『心願石』卻與眾不同，握在手裡，你會感覺到很溫暖而且會發光。一旦你尋到那顆『心願石』後，你的願望都可以實現。」

年輕人很感激老人，便趕快回村去。

每天清晨，那年輕人便在沙灘上檢視石頭，發覺不溫暖也不發光的，他便丟下海去。日復一日，月復一月，年輕人在沙灘上尋找了大半年，始終也沒找到溫暖發光的「心願石」。

有一天，他如往常一樣，在沙灘開始撿石頭。一發覺不是「心願石」，他便丟下海去。一粒、二粒、三粒。突然，「哇……」年輕人哭了起來，因為他剛習慣性把那顆石頭隨手丟下海後，才發覺它是「溫暖」的！

●生活小語：

機會降臨眼前，很多人都習慣地讓它從手上溜走，一旦發覺時，就後悔莫及了，「哭」和「早知道」都是沒用的。

名人格言◆◆

生命很快就過去了，一個時機不會出現兩次。必須當機立斷，不然就永遠別要。

——（法）羅曼・羅蘭

◇◆◇創造機會

有一個推銷員，他以能夠賣出任何東西而出名。他已經賣給過牙醫一支牙刷，賣給過麵包師一個麵包，賣給過瞎子一台電視機。但他的朋友對他說：「只有賣給駝鹿一個防毒面具，你才算是一個優秀的推銷員。」

於是，這位推銷員不遠千里來到北方，那裡是一片只有駝鹿居住的森林。「您好！」「他對遇到的第一隻駝鹿說，您一定需要一個防毒面具。」

「這裡的空氣這樣清新，我要它幹什麼！」駝鹿說。

「現在每個人都有一個防毒面具。」

「真遺憾，可我並不需要。」

「您稍候，」推銷員說，「您已經需要一個了。」說著他使開始在駝鹿居住的林地中央建造一座工廠。「你真是發瘋了！」他的朋友說。「不然。我只是想賣給駝鹿一個防毒面具。」

當工廠建成後，許多有毒的廢氣從大煙囪中滾滾而此不久，駱鹿就來到推銷員處對他說：「現在我需要一個防毒面具了。」

「這正是我想的。」推銷員說著便賣給了駝鹿一個。「真是個好東西啊！」推銷員興奮地說。

駝鹿說：「別的駝鹿現在也需要防毒面具，你還有嗎？」

「你真走運，我還有成千上萬個。」「可是你的工廠裡生產什麼呢？」駝鹿好奇地問。

「防毒面具。」推銷員興奮而又簡潔地回答。

●生活小語：

需求有時候是製造出來的，解決矛盾的高手往往也先製造出矛盾來。

◇◆◇愛能化解仇恨

很久以前，有一位年老的國王，他決定要將王位傳給三個兒子中的一個。一天，國王把三個兒子叫到跟前說：「我老了，決定把王位傳給你們三兄弟中的一個，但你們三個都要到外面去遊歷一年。一年後回來告訴我，你們在這一年內所做過的最高尚的事情。只有真正做過高尚事情的人，才能繼承我的王位。」

一年後，三個兒子都回到了國王跟前，告訴國王自己這一年來在外面的收穫。

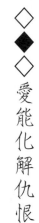

大兒子先說：「我在遊歷期間，曾經遇到一個陌生人，他十分信任我，託我把他的一袋金幣，交給他住在另一鎮上的兒子，當我遊歷到那個鎮上時，我把金幣原封不動地交給了他的兒子」。

國王說：「你做得很對，但誠實是你做人應有的品德，不能稱得上是高尚的事情」。

二兒子接著說：「我旅行到一個村莊，剛好碰上一夥強盜打劫，我衝上去幫村民們趕走了強盜，保護了他們的財產」。

國王說：「你做得很好，但救人是你的責任，還稱不上是高尚的事情」。

三兒子遲疑地說：「我有一個仇人，他千方百計地想陷害我，有好幾次，我差點就死在他的手上。在我的旅行中，有一個夜晚，我獨自騎馬走在懸崖邊時，發現我的仇人正睡在一棵大樹下，我只要輕輕地一推，他就會掉下懸崖摔死。但我沒有這樣做，而是叫醒了他，告訴他睡在這裡很危險，並勸告他繼續趕路。後來，當我下馬準備過一條河時，一隻老虎突然從旁邊的樹林裡竄出來，撲向我，正在我絕望時，我的仇人從後面趕過來，他一刀就結束了老虎的性命。我問他為什麼要救我的命，他說『是你救我在先，你的仁愛化解了我的仇恨』。這……這實在是不算做了什麼大事」。

「不，孩子，能幫助自己的仇人，是一件高尚而神聖的事，」國王嚴肅地說：「來，孩子你做了一件高尚的事，從今天起，我就把王位傳給你」。

●生活小語：

不要長久地仇視他人，要懂得用寬容的心，用愛，去看待仇視自己的人，愛能化解仇恨。

這樣的人才是高尚的人，才是一個做大事的人。

名人格言◆◆

無論一個人的天賦如何優異，外表或內心如何美好，也必須在他的德性的光輝照耀到他人身上發生了熱力，再由感受他的熱力的人把那熱力反射到自己身上的時候，才能體會到他本身的價值。

——（英）莎士比亞

◇◆◇有了愛，就有了財富

一位婦人走到屋外，看見前院坐著三位留著又長又白鬍鬚的老人。雖然她並不認識他們，但是依然十分友好地對他們說：「我想也許我們並不熟悉，但是我想你們應該很餓了，請進來吃點東西吧！」

老人們問：「家裡的男主人在嗎？」

婦人說：「不在，他出去了」。

老人們回答說：「那我們不能進去」。

傍晚丈夫回到家裡，婦人將事情的經過告訴了他。丈夫說：「告訴他們我在家裡了，請他們進來吧！」於是，婦人將三位老人請進屋內。

老人們說：「我們不可以同時進去」。

婦人感到迷惑不解：「為什麼呢？」

其中一位老人指著他的一位朋友說：「他的名字是財富」。然後又指著另外一位說：「他是成功，而我是愛」。接著又補充說：「你現在進去和你丈夫商量一下，要我們其中的哪一位到你們的家裡」。

婦人進去告訴了丈夫。丈夫非常興奮地說：「那趕快邀請財富進來！」婦人卻表示不同的意見：「親愛的，為什麼不邀請成功進來呢？」他們的媳婦在屋內的另一個角落聆聽他們談話，並提出自己的意見：「我想應該先邀請愛進來」。

思考了一下，丈夫對婦人說：「就照媳婦的意見吧！」於是，婦人又來到屋外，問道：「請問哪位是愛？」愛起身朝屋子走去。另外二位老者也跟著他一起進入屋內。

婦人驚訝地問財富和成功：「我只邀請愛，怎麼連你們也一道來了呢？」老者齊聲回答：「如果你邀請的是財富或成功，另外二人都不會跟進，而你邀請愛的話，那麼無論愛走到哪，我們都會跟隨」。

生活小語：

哪裡有愛，哪裡就有財富和成功，一個缺乏愛的人或地方，是很難談得上什麼財富和成功的。

名人格言

拿破崙擁有一般人所追求的一切——榮耀權力財富，可是他卻說：「我這一生從來沒有過一天快樂的日子。」而又瞎、又聾、又啞的海倫·凱勒卻表示：「我發現生命是這樣的美好」。

——（美）卡耐基

◇◆◇愛的記憶

爺爺和奶奶都八十多歲了，有時神志不清，連兒孫也認不清楚。好幾次他們互指對方問：「你是誰呢？一直待在我身邊……」

過一會兒，似乎又清醒了，奶奶便開口：「是你呀！老頭子，那一次你送我的羊皮，我用來做一件夾襖，穿了這麼多年還好好的哩！」

也不知道爺爺到底聽清楚沒有，接過話就說：「還說呢！老婆子那天妳拿給我吃的兩個青杏，我吃到現在還酸牙哩！」……

兩個老人都旁若無人地重複這幾句話，表情安然祥和，平靜得像是什麼也沒發生過。

●生活小語：

歲月是無法消磨掉人們心中愛的記憶，縱然是一點點，只要是真愛，便意味著地久天長。

名人格言◆◆

結婚前的愛情，有效果，有熱情，從第一次起就已經把握住對方的感情了。而結婚後的愛情，則不是突然間就抓住對方的心，但越是細看，卻越是舒展、開闊，最後變成了壯偉、寬廣的大洋。

——（俄）果戈理

◇◆◇愛的力量

二十五年前，有位社會學教授，曾叫班上一群學生到一個貧民窟，調查二百名男孩的成長背景和生活環境，並對他們未來的發展做一個評估，每個學生得出的結論都相同：「這些貧民窟的男孩不會有出頭之日」。

二十五年後，其中一個大學生成了教授，他無意中在辦公室的檔案資料中發現了這份研究報告，他很好奇地想知道這些男孩的現狀到底如何，因此他叫自己的學生繼續做追蹤調查。

調查的結果是：這些男孩已經長大成人，除了有二十人搬遷和過世，剩下的一百八十人中有一百七十六名都有很好的工作，而且還有一部分人成就非凡，其中擔任律師、醫生和企業家的比比皆是。

這個教授頗感驚訝，決定再深入調查此事。他拜訪了當年評估的那些人，問道：「你今日能成功的最大原因是什麼？」結果每個人都不約而同地回答：

「因為我遇到了一位好老師。」

教授終於找到了這位雖然年邁，但仍然耳聰目明的老師，請教她到底用了什麼辦法，能讓這些在貧民窟長大的孩子個個出人頭地。

這位老太太眼中閃耀著慈祥的光芒，嘴角帶著微笑回答道：「其實也沒什麼，我愛這些孩子，我盡全力給他們更多的課外知識和做人的道理，就只是這樣。」

● **生活小語：**

「愛」可以改變人，使人從宿命的詛咒中脫離出來。因為愛可以融化冷漠和絕望，可以為身旁的人帶來幸福與希望。愛可以創造出人間種種的奇蹟。

◇◆◇真愛的考驗

遙遠的海上有一個小島，上面住著快樂、悲哀、知識和愛，還有其他各類情感。

有一天，情感們得知小島快要沉沒了，於是，大家都準備船隻離開小島。只有愛留了下來，她想要堅持到最後一刻。

過了幾天，小島真的要下沉了，愛想請人幫忙。這時，富裕乘著一艘大船經過。

愛說：「富裕，你能帶我走嗎？」富裕答道：「不，我的船上有許多金銀財寶，沒有你的位置。」

愛看見虛榮在一艘華麗的小船上，說：「虛榮，幫幫我吧！」

「我幫不了你，你全身都濕透了，會弄壞了我這漂亮的小船。」

悲哀過來了，愛向她求助：「悲哀，讓我跟你走吧！」

「哦……愛，我實在太悲哀了，想自己一個人待一會兒！」悲哀答道。

快樂走到愛的身邊，但是她太快樂了，竟然沒有聽到愛在叫她！

突然，一個聲音傳來：「過來！愛，我帶你走。」

這是一位長者。愛大喜過望，竟忘了問他的名字。登上陸地以後，長者獨自走開了。愛對這位長者感恩不盡，便問另一位長者知識：「幫我的那個人是誰？」

「他是時間。」知識老人答道。

「時間？」愛問道，「為什麼他要幫我？」

知識老人笑道：「因為只有時間才能理解愛有多麼偉大。」

●生活小語：

時間能考驗一切，在時間的考驗下，一切都會現出原形，只有人間真愛才能經受得住時間的考驗，因而也只有時間才能理解真愛的偉大。

◇◆◇真愛沒有輸贏

有一對夫妻，兩個人平日相處融洽，恩恩愛愛，可是一旦吵起嘴來誰都不讓步，而且他們之間還有個不言而喻的默契：吵嘴後誰也不先找誰說第一句話，誰先說話就意味著誰輸，有理也算輸。

一天晚上，夫妻倆已上床就寢。不知怎麼，兩人竟為了家裡某件瑣事吵嘴。吵到嚴重時，妻子氣呼呼地踹丈夫一腳說：「滾，滾到客廳去睡。」半夜，風雨大作，天氣驟涼。妻子無法入睡，她暗暗擔心起丈夫，睡在沙發上什麼也沒蓋不著涼才怪。妻子抱起一床毛毯走到客廳一把推醒丈夫，自己也不說一句話，把毛毯往桌子上一放就回房了。

第二天早晨，妻子走進客廳一看，丈夫還是躺在沙發上呼呼大睡。毯子原封不動地放在桌子上。

妻子火冒三丈，擰住丈夫的耳朵，罵道：「你是睡死了嗎？幹嘛不蓋毯子？」

丈夫被擰後痛得大叫，但還是嬉皮笑臉地說：「嘿嘿，毯子是我剛剛疊好的。」

妻子氣呼呼地又問：「為什麼要花招？」

丈夫仍舊笑笑地說：「我想……想讓妳先開口說第一句話。」

●生活小語：

真愛面前沒有輸贏，有時行動的力量更甚過言語的表白。

名人格言◆◆

愛情是感情的直率表白，是歡樂和痛苦、自我犧牲和高尚、溫柔和力量的結合。

——（俄）瓦西列夫

◇◆◇蝴蝶的襲擊

傑克走在喬治亞州某個森林裡的小路上，看見前面的路當中有個小水坑。他只好略微改變一下方向從旁邊繞過去，就在接近水坑時，他突然遭到襲擊！

這次的襲擊是那麼的出人意料，因為襲擊者是一隻蝴蝶。

他笑了，又向前跨了一步。攻擊者又開始向他俯衝過來。牠用頭和身體撞擊他的胸脯，用盡全部力量一遍又一遍地擊打他。

他往後退了一步，攻擊者也就延緩了攻擊。他每次向前邁出一步，牠都會不顧一切地向他衝過來，他不得不往後退一步。最後一次，他退後了好幾步，以便仔細觀察一下敵情。攻擊者撤退了，棲息在地上。就在這時，他才明白牠剛才為什麼要襲擊自己。

牠有個同伴，一隻紅蝴蝶就在水坑邊上，紅蝴蝶好像已經不行了。牠待在牠同伴的身邊，儘管紅蝴蝶快要死去而傑克又是那麼龐大，但為了牠的同伴，牠責無旁貸地向傑克進攻。牠這樣做，是怕傑克經過時會不小心踩到牠的同伴，牠的進攻和保護，都是為了要讓同伴留下更多一點生命的珍貴時光。

●生活小語：

英勇是一種力量，但不是腳步和肩部的力量，而是心靈和靈魂的力量。儘管有時這種力量是顯得那麼的微弱，但它卻能給人在心靈上帶來震撼，甚至能夠保護自己的至愛。

名人格言◆◆

如果你是懦者，你自己乃是你最大的敵人；但如果你是勇者，你自己乃是最大的朋友。

——（德）佛蘭克

◇◆◇等待化解煩躁

一對情侶在茶館裡發生了口角，互不相讓。然後，男孩憤而離去，只留下他的女友獨自垂淚。

心煩意亂的女孩攪動著面前這杯清涼的檸檬茶，洩憤似的用湯匙搗著杯中未去皮的新鮮檸檬片，檸檬片已被她搗得不成樣了，杯中的茶也泛起了一股難以入口的檸檬皮的苦味。

女孩叫來服務生，要求換一杯剝掉檸檬皮泡成的茶。

服務生看了女孩一眼，沒有說話，拿走那杯已被她攪得很渾濁的茶，馬上端過來一杯冰涼的檸檬茶，只是，茶裡的檸檬還是帶皮的。原本就心情不好的女孩被服務生的舉動給激怒得更加生氣了，她又叫來服務生，「我說過，茶裡的檸檬要剝皮，你沒聽清楚嗎？難道你分不清什麼是去過皮的檸檬，什麼是沒去皮的檸檬？」她憤怒地斥責著服務生。

服務生顯然已有心理準備，看著她，他的眼睛清澈明亮，「小姐，請不要著急」，他說道，「你知道嗎，檸檬皮經過充分浸泡之後，它的苦味會溶解於茶水之中，這將會是一種清爽甘冽的味道，這正是現在的妳所需要的。所以請不要急躁不要想在三分鐘之內把檸檬的香味全部擠壓出來，那樣做會適得其反，只會把茶攪得很渾，不僅於事無補，而且會將事情弄得一團糟。」

女孩愣了一下，心裡有一種被觸動的感覺，她望著服務生的眼睛真誠地問道：「那麼，要多久的時間才能把檸檬的香味發揮到極致呢？」

服務生笑了：「十二個小時。十二個小時之後檸檬就會把生命的精華全部釋放出來，妳就可以得到一杯美味到極致的檸檬茶，但妳要付出十二個小時的忍耐和等待，不知道小姐妳可否願意。」

女孩半信半疑：「十二小時？你在開玩笑吧！難道別人喝一杯茶都需要等上十二小時？」「小姐，十二小時只是漫長人生中很短的一瞬間，可是有時候十二小時足以影響一個人的一生。」服務生頓了頓，又說道：「其實不只是泡茶，生命中的任何煩惱，不論事情大小，只要妳肯付出十二個小時的忍耐和等待，就會發現，事情並不像妳想像的那麼糟糕。」

女孩看著他，似乎沒有琢磨透服務生的話。她用一種不解同時又帶點無助的眼神望著服務生。

服務生又微笑著說：「我只是在教妳怎樣泡出好喝的檸檬茶，隨口和妳聊一下用泡茶的方法是不是也可以泡出美味的人生。有機會的話，妳不如自己親手泡一次檸檬茶，等上十二小時，在這十二小時中妳可以仔細想想我今天對妳說的話。在十二小時過後，妳自己看看是不是像我說的那樣。」

說完，服務生鞠躬微笑著離去。

女孩望著一杯檸檬茶靜靜沉思。

女孩回到家後迫不及待開始自己動手泡了一杯檸檬茶，她把檸檬切成又圓又薄的小片，放進茶裡。

女孩靜靜地看著杯中的檸檬片，她看到它們慢慢張開來，好像有晶瑩細密的水珠凝結著。她被感動了，她感到了檸檬的生命和靈魂慢慢昇華，緩緩釋放。

十二個小時以後，她品嚐到了她有生以來從未喝過的最絕妙、最美味的檸檬茶。女孩明白了，這是因為檸檬的靈魂完全深入其中，才會有如此完美的滋味。

門鈴響起，女孩開門，看見男孩站在門外，懷裡的一大捧玫瑰嬌豔欲滴。

「可以原諒我嗎？我的公主。」他羞怯地問。

女孩笑了，她拉他進來，在他面前放了一杯檸檬茶。

「昨天在茶館坐了那麼久，還沒有喝夠？」他露出她最為熟悉的笑容。

「讓我們訂下一個約定，」女孩一本正經說道：「以後，不管遇到多少煩惱，我們都不許發脾氣，靜下心來想想這杯檸檬茶。」

「為什麼要想檸檬茶？」男孩對此困惑不解。

「因為，我們需要用耐心等待十二個小時。」

●生活小語：

生命如茶，有人喜歡喝濃茶，品味濃茶那澀澀的苦味；也有人喜歡喝淡茶，品味那清淡而又不至於苦澀的滋味。不管是濃茶還是淡茶，都需要慢慢等待，細細品嚐，才能嚐到自己想要的味道。凡事都不能操之過急，儘量避免因為急躁而犯下難以彌補的錯誤。

名人格言◆◆

在人生旅途中，不時穿插崇山峻嶺般的起起伏伏，時而風吹雨打，困頓難行；時而雨過天晴，鳥語花香。總希望能夠振作精神，克服困難，繼續奔向前程。在那山頭上，孕育著人生的新希望。

——（日）松下幸之助

◇◆◇母親最珍貴的寶物

在幾百年前的羅馬城，兩個孩子正在清晨的陽光下快樂地玩耍，他們的母親康妮黎亞走過來對他們說：「親愛的孩子，今天有一位富有的朋友要來我們家做客，她還會向我們展示她的珠寶。」

下午，那個富有的朋友來了。金手環在她手臂上閃爍著耀眼的光芒，手指上的戒指閃閃發光，脖子上掛著金項鏈，髮簪上的珍珠飾品則發出柔和的光。

弟弟感歎地對哥哥說：「她看起來如此高貴，我從沒有見過這麼漂亮的人。」

哥哥說：「是的，我也這樣覺得！」

他們羡慕地看著客人，又看看自己的母親。母親只穿了一件樸素的外套，身上沒有任何珍貴的飾品。但是她那和善的笑容卻照亮了她的臉龐，遠勝於任何寶石的光芒。她金棕色的頭髮編成了一條長長的辮子，盤繞在頭上像是一頂皇冠。

「你們想看看我其他的珠寶嗎？」富有的女人問。她的僕人拿出一個盒子並放到桌上。這位女士打開盒子，裡頭有成堆的像血一樣紅的紅寶石，像天一樣藍的藍寶石，像海一樣碧綠的翡翠，像陽光一樣耀眼的鑽石。

這對兄弟呆呆地看著這些珠寶：「要是我們的母親能夠有這些東西該多好啊！」

客人炫耀完自己的珠寶之後，自滿而又憐憫地說：「告訴我，康妮黎亞，妳真的這麼窮嗎？什麼珠寶都沒有嗎？」

康妮黎亞坦然地笑道：「不，我當然有珠寶，我的珠寶比妳的更貴重。」

客人睜大了眼睛：「是嗎？快拿出來讓我看看吧！」

母親把兩個男孩拉到自己的身邊，她微笑著說：「他們就是我的珠寶。難道他們不比妳的珠寶更貴重嗎？」。

這兩個男孩，特貝瑞斯和卡爾斯永遠都不會忘記，他們的母親當時臉上驕傲的表情以及深深的愛意。數年後，他們成為羅馬偉大的政治家，但他們仍然常常憶起當年的這一幕。

●生活小語：

孩子是母親最珍貴的珍寶，是母親最引以為傲的珍寶。這種親情是世界上的任何東西所無法比擬的。

名人格言◆◆

時間的流逝，許多往事已經淡化了。可在歷史的長河中，有一顆星星永遠閃亮，那便是親情。時間可以讓人丟失一切，可是親情是割捨不去的。即使有一天，親人離去，但他們的愛卻永遠留在子女靈魂的最深處。

——（蘇聯）高爾基

◇◆◇瞎子點燈

在一個漆黑的夜晚，遠行尋佛的苦行僧走到了一個荒僻的村落中，漆黑的街道上，村民們絡繹不絕地默默前行。

苦行僧轉過一條巷道，他看見有一團昏黃的燈光從巷道的深處靜靜地照過來。身旁的一位村民說：「瞎子來了。」「瞎子？」苦行僧愣了一下，他問身旁的一位村民，「那提著燈籠的人真的是一位盲人嗎？」

他得到的答案是肯定的。

苦行僧百思不得其解——一個雙目失明的人，他根本就沒有白天和黑夜的概念，他看不到高山流水，也看不到柳綠桃紅的世界萬物，他甚至不知道燈光是什麼樣子，他提著一盞燈籠豈不令人可笑？

那燈籠漸漸近了，昏黃的燈光漸漸從深巷移游到了僧人的鞋上。百思不得其解的僧人問：「敢問施主真的是一位盲者嗎？」那提燈籠的盲人告訴他：

「是的，自從踏進這個世界，我就雙目失明。」

僧人問：「既然你什麼也看不見，那你為何要提著一盞燈籠呢？」盲者說：「現在是黑夜，我聽說在黑夜裡沒有燈光的映照，那麼全世界的人都和我一樣是盲人，所以我就點燃了一盞燈籠。」

僧人若有所悟地說：「原來你是為了照明別人而點燈籠？」但那盲人卻說：「不，我是為了自己。」

「為你自己？」僧人又問。

盲者緩緩向僧人說：「你是否曾因為夜色漆黑而被其他行人碰撞過？」僧人說：「是的，就在剛才，還被兩個人撞了一下。」盲人聽了，深沉地說：「但我就沒有。雖說我是盲人，什麼也看不見，但提著這盞燈籠，既照亮了別人的路，也讓別人看到了我自己，這樣，他們就不會因為看不見而撞到我了。」

苦行僧聽了，頓有所悟。他長歎說：「我天涯海角的奔波尋找佛，沒有想到佛就在我的身邊，原來佛性就像一盞燈，只要我點燃了它，即使我看不見佛，但佛卻會看到我的。」

●生活小語：

很多人常抱怨在為別人大開方便之門時，卻對自己一點利益都沒有，但這不能成為藉口，試想如果人人都大開方便之門，那麼你能說對你沒有一點益處嗎？為別人點燃我們自己的生命之燈吧！這樣，在生命的夜色裡，我們才能尋找到自己的平安和燦爛。

名人格言◆◆

一個人的價值，應當看他奉獻什麼，而不應當看他取得什麼。人只有獻身於社會，才能找出那短暫而有風險的生命的意義。

——（美）愛因斯坦

◇◆◇道不同，不相為謀

管寧和華歆在年輕的時候，是一對非常要好的朋友。他們倆成天形影不離，同桌吃飯、同榻讀書、同床睡覺，相處得很融洽。

有一次，他們一起去菜園裡鋤草。兩個人努力的工作著，顧不得停下來休息，一會兒就鋤好了一大片。

只見管寧抬起鋤頭，一鋤下去，碰到了一個硬硬的東西。管寧覺得奇怪，將鋤到的一大片泥土翻了過來。在黑黝黝的泥土中，有一個黃澄澄的東西閃閃發光。管寧定眼一看，是塊黃金，他自言自語地說了句：「我以為是什麼東西呢！原來是錠金子。」接著就不再理會，繼續鋤他的草。

「什麼？金子！」不遠處的華歆聽到這話，不由得心裡一動，趕緊丟下鋤頭跑了過來，拾起金塊捧在手裡仔細端詳。

管寧見狀，一邊揮舞著手裡的鋤頭鬆土，一邊責備華歆說：「錢財應該是靠自己的勞力去獲得，一個有道德的人不可以貪圖不勞而獲的財物。」

華歆聽了，口裡說：「這個道理我也懂。」手裡卻還捧著金子左看看、右看看，怎麼也捨不得放下。後來，他實在被管寧的目光盯得受不了了，才心不甘情不願地丟下金子回去工作。可是他心裡還在惦記金子，工作時也沒有先前的努力，還不時地唉聲歎氣。管寧見他這個樣子，不再說什麼，只是暗暗地搖頭。

又有一次，他們兩人同坐在一張席子上讀書。正看得入神，忽然聽到外面一片鼓樂之聲，中間夾雜著鳴鑼開道的吆喝聲，和人們看熱鬧吵吵嚷嚷的聲音。於是管寧和華歆起身走到窗前去看究竟發生了什麼事。

原來是一位達官顯貴乘車從這裡經過。一大隊隨從佩帶著武器、穿著整齊一致的服裝，前呼後擁地保衛著車子，威風凜凜。再看那車飾更是豪華：車身雕刻著精巧美麗的圖案，車上蒙著的車簾是用五彩綢緞製成，四周裝飾著金線，車頂還鑲了一大塊翡翠，顯得富貴逼人。

管寧對於這些很不以為然，又回到原處捧起書專心地讀起書來，對外面的喧鬧完全充耳不聞，就好像什麼都沒有發生一樣。

華歆卻不是這樣，他完全被這種熱鬧的聲勢和豪華的排場給吸引住了。他嫌在屋裡看不清楚，乾脆連書也不讀了，急急忙忙地跑到街上去跟著人群尾隨車隊細看。

管寧目睹了華歆的所作所為，再也抑制不住心中的歎惋和失望。等到華歆回來以後，管寧拿出刀子當著華歆的面把席子從中間割成兩半，痛心而絕地宣佈：「我們兩人的志向和興趣太不一樣了。從今以後，我們就像這被割開的草席一樣，再也不是朋友了。」

●生活小語：

真正的朋友，應該是建立在共同的思想基礎和奮鬥目標上，一起追求、一起進步。如果沒有內在精神的默契，只有表面上的親熱，這樣的朋友是無法真正溝通和理解的，也就失去了做朋友的意義了。

◇◆◇雪之血

故事發生在奧地利。

羅莎琳是一個性格孤僻、膽小羞澀的十三歲少女。在她很小的時候父親就去世了。母親索菲娜在一家清潔公司工作，靠著微薄的薪資把羅莎琳一手撫養大。因為家境的貧困，羅莎琳常常受到別人的歧視和欺侮，這些都為她幼小的心靈留下了無法抹滅的陰影。久而久之，她對母親開始心生怨恨，認為正是母親的卑微才使她遭受如此多的苦難。

二〇〇二年二月下旬的一天，索菲娜由於工作出色而被允許休假一星期。為了緩和母女之間的關係，索菲娜決定帶女兒去阿爾卑斯山滑雪。但不幸的是，她們在雪地裡迷了路，對雪地環境缺乏經驗的母女開始倆驚慌失措。她們一邊滑雪一邊大聲呼救，想不到，呼喊聲卻引起了一連串的雪崩，大雪把母女倆埋起來了。出於求生的本能，母女倆不停地刨著雪，歷經艱辛終於爬出了厚厚的雪堆。母女倆挽著手在雪地裡漫無目的地尋找著回家的路線。

突然，索菲娜看見了救援的直升機，但由於母女倆穿的都是與雪的顏色相近的銀灰色羽絨衣，救援人員並沒有發現她們……

當羅莎琳醒來時，發現自己正躺在醫院的病床上，而母親索菲娜卻不幸去世了。醫生告訴羅莎琳，真正救她的是她的母親。索菲娜用岩石片割斷了自己的動脈，然後在血跡灑在雪地上，目的是想讓救援的直升機能從空中發現她們的位置，也正是雪地上那道鮮紅的長長的血跡引起了救援人員的注意。

●生活小語：

也許我們出生在普通家庭，也許我們的家境比別人差，也許在我們的成長過程中遭受了些苦難，但請相信：父母對我們的愛是天底下最純淨、最偉大的愛。

◇◆◇活過一百萬次的貓

有一隻活過一百萬次的貓。牠死了一百萬次，也活了一百萬次。牠是一隻身上長有老虎斑紋、外表非常氣派的貓。有一百萬個人疼愛過這隻貓，也有一百萬個人在牠死的時候哭泣。但是，這隻貓從未掉過一滴眼淚，貓不喜歡任何人。

有一次，貓是國王的貓。國王很喜歡貓，命人做了一隻漂亮的籃子，把貓放在裡面，每次出征打仗時都把貓帶在身邊。不過，貓很不快樂。在一次戰鬥中，貓被箭射死了，國王抱著牠，哭得好傷心、好傷心，但是貓沒有哭，貓不喜歡國王。

有一次，貓是漁夫的貓。漁夫很喜歡貓，每次漁夫出海捕魚，都會帶著貓，不過貓很不快樂。有一次漁夫在打漁時，貓掉進海裡，漁夫趕緊拿網把貓撈起來，不過貓已經死了。漁夫抱著牠，哭得好傷心、好傷心，但是貓沒有哭，貓不喜歡漁夫。

有一次，貓是馬戲團的貓。馬戲團的魔術師喜歡表演一項魔術，就是把貓放在箱子裡，然後把箱子和貓一起鋸開，再把箱子合起來，而貓又變回一隻活蹦亂跳的貓，不過貓很不快樂。有一次，魔術師在表演這項魔術時，不小心真的將貓鋸成了兩半，貓死了。魔術師抱著鋸成了兩半的貓，哭得好傷心、好傷心，但是貓沒有哭，貓不喜歡魔術師。

有一次，貓是老婆婆的貓。貓很不快樂，因為老婆婆喜歡靜靜地抱著貓，坐在窗前看著行人來來往往。就這樣過了一天又一天、一年又一年。有一天，貓在老婆婆的懷裡一動也不動，貓又死了。老婆婆抱著貓哭得好傷心、好傷心，但是貓沒有哭，貓不喜歡老婆婆。

有一次，貓不是任何人的貓，貓是一隻野貓。貓很快樂，每天有吃不完的魚，每天都有母貓送魚給牠吃，牠的身旁總是圍了一群美麗的母貓，不過貓並不喜歡她們。

貓每次都驕傲地說：「我可是一隻活過九十九萬次的貓。」有一天，貓遇到了一隻白貓，白貓根本不看貓一眼，貓很生氣地走到白貓面前說：「我可是一隻活過一百萬次的貓哦！」白貓只是輕輕地「哼！」了一聲，就把頭轉開了。之後，貓每次遇到白貓，都會故意走到白貓面前說：「我可是一隻活過一百萬次的貓哦！」而白貓每次也都只是輕輕地「哼」一聲，然後把頭轉開。

貓變得很不快樂。一天，貓又遇到白貓，剛開始，貓在白貓身邊獨自玩耍，後來漸漸地走到白貓身邊，輕輕問了一句：「我們一起玩好嗎？」而白貓也輕輕點了點頭「嗯」了一聲，貓好高興、好高興。牠們每天都在一起，白貓生了好多小貓，貓很用心地照顧小貓們，小貓們長大了，一個個離開了。貓很驕傲，因為貓知道：小貓們是一隻活過一百萬次的貓的孩子！

貓很細心地照顧著白貓，每天貓都抱著白貓講故事給牠聽，直到睡著。一天，白貓在貓的懷裡一動也不動了，白貓死了。貓抱著白貓哭了，貓一直哭、一直哭、一直哭，直到有一天，貓不哭了，再也不動了，貓和白貓一起死了，貓再也沒有活過來。

生活小語：

沒有情感地活一百萬次，還不如有愛地活一輩子；無法體會生命地活一百萬次，還不如用生命付出愛地過一輩子。

在每個人的生命裡，或多或少都會有一些讓自己有深刻體驗的事情，讓自己慶幸此時此刻活在這世界上，讓人很清楚地知道活著的美好。有了這些，或許會覺得此生已經足夠，那就錯了！生命中還有更深刻的體驗在等著你，那就是付出你的愛。

名人格言◆◆

愛可以戰勝死亡和面對死的恐懼。只有愛才能使生命維持和延續下去。

——（俄）圖格涅夫

◇◆◇真正的強者

五歲的漢克和爸爸、媽媽、哥哥一起到森林裡去工作，突然間下起雨來，可是他們只帶了一件雨衣。

爸爸將雨衣給了媽媽，媽媽給了哥哥，哥哥又給了漢克。

漢克問道：「為什麼爸爸給了媽媽，媽媽給了哥哥，哥哥又給了我呢？」

爸爸回答道：「因為爸爸比媽媽強大，媽媽比哥哥強大，哥哥又比你強大呀？我們都會保護比較弱小的人。」

漢克左右看了看，跑過去將雨衣撐開來，擋在一朵在風雨中飄搖的嬌弱小花上面。

●生活小語：

真正的強者不一定是多有力氣，或者多有錢，而是他對別人多有幫助。責任可以讓我們將事做完整，愛可以讓我們將事情做好。

名人格言◆◆

以力服人，時間短暫，功效淺；以德感人，時間久長，功效深。與其用力服人，不如用德感人；與其用力做事，不如用德做事。

——星雲大師

◇◆◇放下重負

加拿大魁北克有一條南北走向的山谷。山谷沒有什麼特別之處，唯一能引人注意的是它的西坡長滿松、柏、女貞等樹，而東坡卻只有雪松。這個奇特景色之謎，許多人都不知所以，然而揭開這個謎的，竟是一對夫婦。

那是一九九三年的冬天，這對夫婦的婚姻正瀕於破裂的邊緣，為了找回昔日的愛情，他們打算做一次浪漫之旅，如果能找回就繼續生活，否則就友好分手。

當他們來到這個山谷的時候，天空突然下起了大雪，他們搭起帳篷，望著滿天飛舞的大雪，發現由於特殊的風向，東坡的雪總是比西坡的大且密。不一會兒，雪松上就落下了一層厚厚的雪。不過當雪積到一定程度，雪松那富有彈性的枝丫就會向下彎曲，直到雪從枝上滑落。這樣反覆地積，反覆地彎，反覆地落，雪松完好無損。可是其他的樹，卻因為沒有這個本領，樹枝被壓斷了。

妻子發現了這個景觀，對丈夫說：「東坡肯定也長過其他種類的樹，只是不會彎曲才被大雪摧毀了。」頃刻間，兩人突然明白了什麼，擁抱在一起。

生活小語：

生活中我們承受著來自四面八方的壓力，就這樣不斷的累積著終將讓我們難以承受。這時候，我們需要像雪松那樣彎下身來，釋下重負，才能夠重新挺立，避免被壓斷的結局。彎曲，並不是示弱或失敗，而是一種彈性的生存方式，是一種生活的藝術。

名人格言

即使你再高大，再筆直地站著，你和地面也是接近的。

——（法）盧梭

越簡單越快樂

一個有錢人，背著許多金銀珠寶去遠方尋找快樂，可是走遍了千山萬水也沒有找到。

一天，他正愁眉不展地坐在路邊歎息時，一位衣衫襤褸的農夫唱著山歌迎面走過來。有錢人向農夫討教快樂的祕訣，農夫笑著說：「哪裡有什麼祕訣，快樂其實再簡單不過了，只要你把背負的東西放下就可以。」

有錢人忽然頓悟，因為自己背著那麼沉重的金銀珠寶，腰都快被壓彎了，而且投宿時怕被偷，行路時怕被搶，成天憂心忡忡，驚魂不定，怎麼能快樂得起來呢？

於是，他放下行囊，把金銀珠寶分送給過路的窮人。這樣，不僅背上的重負沒有了，還看到一張張快樂的笑臉。

他終於成為一個快樂的人。

●生活小語：

人生中，我們背負的貪婪太多了。很多時候，不是快樂離我們太遠，而是我們根本不知道自己和快樂之間的距離；不是快樂太難，而是我們活得還不夠簡單。

名人格言◆◆

人生不是一支短短的蠟燭，而是一支暫時由我們拿著的火炬。我們一定要把它燃得十分光明燦爛，然後交給下一代的人們。

——（愛爾蘭）肖伯納

◇◆◇獲得快樂和幸福的方法

一位老師走進了教室。他先拿出一張畫有一個黑點的白紙，問他的學生：「孩子們，你們看到了什麼？」學生們盯著黑點，齊聲喊道：「一個黑點。」

「難道你們沒有人發現它是一張白紙嗎？如果你們的眼裡只有這個黑點，那麼黑點就會越來越大。生活中你們可不要這樣啊！」老師教導說。

教室裡鴉雀無聲。老師又拿出一張黑紙，中間有一個白點。他問：「孩子們，你們又看到了什麼？」

學生們齊聲回答：「一個白點。」老師高興地笑了：「孩子你們太棒了，這世上有無限美好的未來正在等著你們！」

●生活小語：

想獲得快樂和幸福很簡單，只要把注意力放在快樂和幸福的事情上就行了。如果你把注意力都集中在痛苦、煩惱上，生命就會黯然失色。

名人格言◆◆

快樂是在心裡，不假外求，求即往往不得，轉為煩惱……沒有痛苦便是幸福，再進一步看，沒有痛苦在先，便沒有幸福在後……有時候，只要把心胸敞開，快樂也會逼人而來。這個世界，這個人生，有其醜惡的一面，也有其光明的一面……我們應該快樂。

——梁實秋

◇◆◇等待時機

有一個人茫然地靠在一塊大石頭上，懶洋洋地曬著太陽。

這時，從遠處走來一個怪物。

「年輕人！你在做什麼？」怪物問。

「我在這兒等待時機。」他回答。

「等待時機？哈哈！時機是什麼樣子，你知道嗎？」怪物問。

「不知道。不過，聽說時機是個很神奇的東西，它只要來到你身邊，那麼，你就會走運，或者當上了官，或者發了財，或者娶個漂亮老婆，或者……反正，美極了。」

「你連時機是什麼樣子都不知道，還等什麼時機？還是跟著我走吧！讓我帶著你去做幾件對你有益的事吧！」怪物說著就要來拉他。

「去去去！少來煩我！我才不跟你走呢！」他不耐煩地說。

怪物歎息著離去。

過了一會兒，一位長髯老人來到他面前問道：「你抓住它了嗎？」

「抓住它？它是什麼東西？」他問。

「它就是時機呀！」

●生活小語：

不要做一個守株待兔的蠢人，要積極的去行動，不斷的為自己創造機會，才能在人生的競賽中獲勝。

名人格言◆◆

當機會呈現在眼前時，若能牢牢掌握，十之八九都可以獲得成功；而能克服偶發事件，並且替自己找尋機會的人，更能可以百分之百的獲得勝利。

——（美）卡耐基

◇◆◇聰明反被聰明誤

巴黎古董收藏家安達列先生，下鄉去搜集古董，他在一個農夫家發現了一只中世紀時期的古董小碟子。主人卻用它來餵貓喝牛奶。

安達列驚喜極了，便對那位農夫說：「您這隻小貓可真漂亮。我正想幫我的小兒子買隻貓，他肯定會很高興的，你同意賣嗎？」

「當然，你如果非常想買的話。」

安達列付了一大筆錢之後，說：「這小貓一定習慣用這只舊碟子喝奶，我可以把這只碟子也一併拿走嗎？」說著便伸手去拿那碟子。

「那可不行，先生。」農夫嚷道，「請您把碟子放下吧！它讓我兩天之內賣掉了六隻貓。」

生活小語：

聰明反被聰明誤。

不要以為自己很聰明，經常耍小聰明。有時傻瓜都不會受騙，而最終上當的卻是自己。

名人格言

「以準備失敗的心情去迎接勝利」，這是一個人面臨得失的時候所必須有的一種態度。假如只準備成功而不準備失敗，當失敗時就會來不及了。

——羅蘭

◇◆◇真正的快樂

有一家英國報紙以「世界上最大的快樂是什麼？」為題，做為有獎徵答。

獲獎的四個答案是：

一、當一位藝術家完成了一件作品，望著作品吹口哨的時候。

二、小孩在海灘上用砂石築成一座堡壘時。

三、母親忙碌了一天，到了晚上替自己的小孩洗澡時。

四、外科醫生成功的完成一件手術，救活了一條生命時。

●**生活小語：**

真正的快樂，不是財富，不是權力，而是日常生活中的平凡小事。真正的快樂是樂觀生活，熱情工作，崇尚事業。

◇◆◇值錢的玩具貓

大衛和約翰是一對要好的朋友，他們一同外出旅行。到了目的地後，約翰在酒店裡看書，大衛到街上閒逛，他看到路邊有一個老婦人在賣一隻玩具貓。

老婦人對他說，這隻玩具貓是祖傳寶物，因為兒子病重沒錢治病，不得已才將它賣掉。

大衛隨手拿起玩具貓，發現貓身很重，似乎是用黑鐵鑄造的。猛然間，大衛發現，那一對貓眼是用珍珠做成的，他為自己的發現欣喜若狂，趕緊問老婦人這隻玩具貓要賣多少錢。

老婦人說，因為要為兒子醫病，所以三十美元便賣。

大衛說：「那麼我就出十美元買這兩顆貓眼吧？」

老婦人在心裡盤算了一下，覺得還算合理，於是就答應了。大衛回到飯店，興奮地對約翰說：「我僅僅花了十美元就買下了兩顆大珍珠，真是不可思議。」

約翰發現兩顆貓眼的的確確是罕見的大珍珠，便詢問事情的經過。聽完大衛的描述，約翰立即放下手中的書，跑到街上，找到了那位老婦人，要買那隻玩具貓。

老婦人說：「貓眼已經被別人先買走了，如果你要買，就給二十美元吧！」

約翰付了錢將玩具貓買了回來。「你怎麼會花二十美元去買一隻沒眼珠子的玩具貓呢？」大衛嘲笑他。

約翰並不在意，反而向服務生借來一把小刀，刮開貓的一個腳。黑漆脫落後，居然露出閃亮的黃色，他興奮不已地大喊道：「果然不出我所料，這玩具貓是純金的啊！」

當年這隻玩具貓的主人，一定是怕金身暴露，便將它用黑色漆漆了一遍。後悔不已的大衛問約翰是如何發現這個祕密的。

約翰笑道：「你雖然能發現貓眼是用珍珠做的，但你沒有想到，貓眼既然是珍珠做成的，那麼它的全身會是由不值錢的黑鐵所鑄造的嗎？」

●生活小語：

本質不會顯現於表象，而是來自於深刻地發現。不要企求在沒有仔細觀察，僅憑表面現象就能去發現事物的本質。

名人格言◆◆

凡事都不可小看。你知道，一個鐵釘可以毀了一個馬蹄子，一個馬蹄子可以毀了一匹馬，一匹馬可以斷送一次戰役，一次戰役可以滅掉一個偉大的國家。

——（西班牙）松蘇內吉

◇◆◇狼與松鼠

春天到了。

一隻松鼠在樹枝間跳來跳去，一不小心，牠從樹上掉了下來，偏巧砸在一隻正在樹下睡覺的狼身上。

狼一下子竄起來，抓住了松鼠要吃掉。小松鼠懇求狼饒命，牠說：「請你行行好，求求你放了我吧！」

狼說：「好吧！我可以放了你，但你必須告訴我一件事，為什麼你們松鼠總是一天到晚快快樂樂的，我總是覺得煩悶，看看你們，在樹上玩啊！跳啊！總是那麼開心，這究竟是什麼原因呢？」

松鼠說：「你先放了我，讓我回到樹上，我在樹上告訴你，要不然我心裡太害怕了，無法告訴你快樂的方法。」

狼放了松鼠，松鼠飛快地爬上了樹，站在樹梢上說道：「你覺得煩悶是因為你秉性兇惡，兇惡折磨了你的心；我們快樂是因為我們善良，我們從來不做傷害任何人的事。」

●生活小語：

善良的人之所以生活得更簡單、更輕鬆、更快樂，那是因為善良的人從來不會背負任何私心與貪念的包袱。

名人格言◆◆

生活之所以美好，就在於我們左右永遠有一顆年輕、善良的心在成長、開花，如果它在你面前稍加披露，你就會從中看到它對你的微笑。

——（蘇聯）高爾基

◇◆◇空鳥籠

一位心理學家和喬打賭說：「如果我送你一個鳥籠，並掛在你的家裡，那麼你就一定會買一隻鳥。」

喬同意打賭。因此心理學家就買了一隻非常漂亮的瑞士鳥籠給他，喬把鳥籠掛在起居室的桌子旁。結果可想而知，當人們走進來時就問：「喬，你的鳥什麼時候死了？」

喬立刻回答：「我從未養過鳥。」

「那麼，你掛著鳥籠幹嘛？」

喬無法解釋。

後來，只要有人來喬的家裡，就會問同樣的問題。喬的心情也因此而變得非常煩躁，為了不再讓人詢問，喬乾脆買了一隻鳥裝進了空鳥籠裡。

心理學家後來說，去買一隻鳥比解釋為什麼他有一個空鳥籠要簡便得多。

人們經常是先在自己腦袋中掛上鳥籠，最後就不得不在鳥籠中裝上些什麼東西。

●生活小語：

一旦在自己的頭腦中掛起鳥籠，往往鳥籠中裝下的不僅是一隻鳥或是沒有鳥的空籠子，而且還裝下了你自己每天的自由與思想。

名人格言◆◆

只有你的眼睛看見東西，那是不會發現什麼的，還要你的心能思考才行。

——（美）愛因斯坦

◇◆◇冷水煮青蛙

美國康乃爾大學做過一次有名的實驗。

經過精心策劃安排，他們把一隻青蛙冷不防丟進煮沸的油鍋裡，這隻反應靈敏的青蛙在千鈞一髮的生死關頭裡，用盡全力躍出了那勢必使牠葬身的滾燙油鍋，跳到地面安然逃生。

隔了半小時，他們使用一個同樣大小的鐵鍋，這一回在鍋裡放滿冷水，然後把那隻死裡逃生的青蛙放在鍋裡。這隻青蛙在水裡不時地來回游動。接著，實驗人員偷偷的在鍋底下用炭火慢慢加熱。

青蛙不知究竟，仍然在微溫的水中享受「溫暖」，等牠開始意識到鍋中的水溫已經使牠忍受不住必須奮力跳出才能活命時，一切為時已晚。牠欲試乏力，全身癱瘓，呆呆地躺在水裡，終致葬身在鐵鍋裡面。

這個實驗證明了一個十分殘酷的事實：突如其來的外在刺激或強敵，往往能使人奮起面對，發揮出意想不到的潛力。而慢慢地腐蝕卻往往使人防不勝防，一蹶不振。

●生活小語：

面對突如其來的災難，我們常常能夠化險為夷、再現生機與活力。在安逸與享樂的環境中，我們卻在不經意之間，將自己推向危險的邊緣而無所作為、一敗塗地。

名人格言◆◆

懶於思考，不願意鑽研和深入理解，自滿或滿足於微不足道的知識，都是智力貧乏的原因，這種貧乏用一個詞來稱呼，就是「愚昧」。

——（蘇聯）高爾基

◇◆◇三隻蚊子的抱怨

三隻蚊子待在一個黑暗的角落裡，牠們一心在等待夜晚的降臨，好去吸人們的血。等了很久，天還沒有暗下來。牠們不耐煩，就開始嘀嘀咕咕，互相訴起苦來了。牠們共同的朋友，陰影，它自己說它是一個最喜歡沉思，最不喜歡參加政治活動的學者，在一旁靜靜地聽著。

第一隻蚊子抱怨說，世界越變越壞，髒水坑越來越少，蚊子們不能繁殖後代。如果再這樣發展下去，無論什麼樣的蚊子都會絕種，多麼可怕啊！

陰影聽了，忍不住也跟著歎了一口氣。

第二隻蚊子抱怨說：人們越來越沒有良心了，對蚊子們太殘酷，簡直不講「蚊道主義」。證明人們有偏見，這是所有蚊類所不能忍受的。

陰影聽了，忍不住又歎了一口氣。

第三隻蚊子一開口就回憶起過去來了。牠這一段話用的詞比較文雅。牠說曾經花了很多寶貴的時間，對各種人的血都做過比較和研究，牠能鑒別各種人血的滋味。最欣賞的是孩子們的血液，因為孩子們喜歡吃糖，他們的血中帶有難以形容的甜味，顯然比成人的血更加的可口。

「學者」陰影雖然並非真正研究學問，但它對「研究」、「比較」和「鑒別」這一類字眼還是感到興趣的，這時候它止不住發出了讚歎的呼聲。

第三隻蚊子的話還沒有說完，第一隻蚊子和第二隻蚊子，馬上都回憶起自己過去所吃過的美味人血的味道來，肚子感覺餓得不得了而憤憤不平地大聲吵嚷起來。

第一隻蚊子叫：「人們不讓我們吸血，證明他們思想狹隘，證明他們有教條主義！」

第二隻蚊子用比第一隻蚊子更大的聲音叫：「他們反對我們吸血，明明就是限制我們的自由。他們是自由和民主的敵人！」

第三隻蚊子用比第二隻蚊子更大的聲音叫：「我們再也不能忍受了！」

於是三隻蚊子一起喊：「為了自由，我們要馬上行動起來！……」

這時候，陰影替牠們感到擔心，連忙提醒牠們：「噓！親愛的朋友們，你們講得很好，可是要小聲一點，小心一點！」

可是為時已晚，蚊子們的吵嚷已經引起了人們的注意。突然間，一陣帶有特殊味道的薄霧瀰漫開了。陰影馬上不做聲了。三隻蚊子驚惶失措地飛了起來。

第一隻蚊子驚慌地叫：「敵人，敵人，敵人！」

第二隻蚊子還強作鎮定，說：「沒關係！別害怕！」

第三隻蚊子瘋狂地喊叫：「衝啊！衝啊！我們決不妥協，決不投降，決不屈服！」

三隻蚊子亂喊亂叫，亂衝亂撞，沒多久的工夫，就一個個都墜落下去了。

牆角裡立刻又歸於寂靜。

陰影感傷地歎了一口氣：「連幾隻蚊子都不能容了，多麼可怕的現實啊！幸虧剛才我沒有多說話，他們也沒有發現我，我暫時還是少開口為妙。」

於是，它就又假裝「研究」起它那些永恆的「學問」來了，彷彿剛才什麼事情都沒有發生過一樣。

●生活小語：

本質很壞老是損害他人利益的人，當然是不能被人們所容忍的。這就像蚊子一樣，專門以吸人血為生，自然是不被人們所喜歡了。所以，做人還是老實一點吧！

名人格言◆◆

真誠，有時會使你的利益受到損害，即使如此，你的心靈深處會是寧靜的；虛偽，有的會使你占到便宜，即便如此，你的心靈深處會是不安的。

——汪國真

◇◆◇知足者常樂

從前有兩個兄弟，他們自幼失去了父母，兄弟倆相依為命，家境十分貧寒。

他們倆終日以砍柴為生，生活十分辛苦。但他們從來都不抱怨，而是早出晚歸，一天到晚忙個不停。生活中哥哥照顧弟弟，弟弟心疼哥哥。二人生活雖然艱苦，但日子過得還算舒心。

這一天，天上的神仙得知了他們二人的情況，決定來到凡間幫他們一把。

這天清早，兄弟倆還未起床，神仙便來到了他們的夢中，對兄弟倆說：「在遠方有一座太陽山，山上撒滿了金光閃閃的金子，你們可以前去拾取。不過一路艱難險阻，你們可要小心！另外，太陽山溫度很高，你們只能在太陽未出來之前拾取黃金，否則等到太陽出來了，你們就會被燒死。」神仙說完就不見了。

兄弟二人從睡夢中醒來，心中很興奮。他們商量了一下，便啟程去了太陽山。一路上，有時遇到毒蛇猛獸，有時遇到豺狼虎豹，有時狂風大作，有時電閃雷鳴。兄弟倆都能團結一致，最終打敗各種艱難險阻，不知過了多長的時間，他們終於來到了太陽山。這時太陽還沒有出來，「啊！滿山遍野的黃金，照得我眼睛都睜不開了。」弟弟一臉的興奮，顯然已忘記了長途跋涉的困頓與疲憊。哥哥看到後只是淡淡地笑了笑。

哥哥從山上撿了一塊較大的金子裝在口袋裡，下山去了。弟弟撿了一塊又一塊，就是不肯罷手。不一會兒整個袋子都裝滿了，弟弟還是不肯罷手。太陽快出來了，可是弟弟卻全然不顧。這時他耳邊又響起了神仙的警告：「太陽快出來了，趕快回去吧！」弟弟卻說：「我好不容易見到這麼多金子，你就讓我一次撿個夠吧！」說完他又忘我地撿了起來。

太陽出來了，太陽山的溫度也漸漸升高。弟弟看到了太陽，急忙背著金子往回走，可是金子實在太重了，他的步履有些蹣跚，太陽越升越高，弟弟終於倒了下去，再也沒有站起來。

哥哥回到家之後，用撿到的那塊金子做本錢，做起了生意，後來成了遠近聞名的大富翁。可是弟弟卻永遠留在了太陽山。

●生活小語：

知足常樂，做事不要貪得無厭、不知滿足，否則無盡的貪欲最終會毀掉自己。美好的生活要靠勤勞的雙手去創造，不義之財最終會給自己帶來禍害。

名人格言◆◆

不求，無謅無狂；不執，可圓可方；不慮，身心安康；不怒，神舒氣暢；不惱，心地清涼；不貪，不驚不慌；不越，何懼刑章；不言，元氣安詳；不悲，自然無恙；不爭，神怡心曠。

——諺語

◇◆◇先從自己身上找原因

從前，在一個不太出名的小部落裡，住著一戶姓楊的人家，靠著在部落旁種一片茶田過日子。這戶人家有兩個兒子，大兒子叫楊朱，小兒子叫楊布，兩兄弟一邊在家幫父母耕地、擔水，一邊勤讀詩書。兄弟兩人都寫得一手好字，交了一些詩文朋友。

有一天，弟弟楊布穿著一身白色乾淨的衣服興致勃勃地出門訪友。不料，在快到朋友家的路上，天空突然下起雨來了，雨越下越大，楊布正走在前不著村、後不著店的山間小路上，他只好硬著頭皮頂著大雨，被淋得像落湯雞似地跑到了朋友家。

他們是經常在一起討論詩詞、評議字畫的好朋友，楊布在朋友家脫掉了被雨水淋濕了的白色外衣，穿上了朋友的一身黑色外套。朋友家裡招待楊布吃過飯，兩人又談論了一會兒詩詞，討論一些前人的字畫。他們越談越投機，越聊越開心，不知不覺中天就快黑了，楊布把自已被雨水淋濕了的白色外衣晾在朋友家裡，而自己穿著朋友的一身黑色衣服告辭朋友回家。

雨後的山間小路雖然是濕的，但由於路面上小石子鋪得多，沒有淤積的爛泥。天色漸漸地暗下來了，彎彎曲曲的山路還是清晰可辨。

晚風輕輕吹著，從山間送來一陣陣新枝嫩葉的清香。要不是天色愈來愈暗，楊布還真有點雨後漫遊山崗的雅興呢！他走著、走著，不知不覺中走到了自己的家門口，而且還沉浸在白天與朋友暢談的興致裡。

這時，楊布家的狗卻不知道是自己家的主人回來了，突然從牆角衝出來對他汪汪狂叫。那隻狗突然後腿站起、前腿向上，似乎要朝楊布撲過來。

楊布被自己家的狗這突如其來的狂吠聲，和牠快要撲過來的動作嚇了一跳，他十分惱火，馬上停住腳向旁邊閃了一下，憤怒地向狗大聲吼道：「瞎了狗眼，連我都不認得了！」於是順手在門邊拿起一根木棒要打那條狗。

這時，哥哥楊朱聽到了聲音，立即從屋裡出來，一邊阻止楊布用木棒打狗，一邊喚住了正在狂吠的狗，並且說：「你不要打牠啊！你想想看，你白天穿著一身白色衣服出去，這麼晚了，又換了一身黑色衣服回家，假若是你自己，一下子能分辨得清嗎？這能怪狗嗎？」

楊布什麼也沒有說，冷靜地思考了一會兒，覺得哥哥楊朱講的也是有道理的。狗也不汪汪地叫了，一家人又恢復了原先的快樂。

●生活小語：

若自己變了，就不能怪別人對自己另眼相看。別人另眼看自己，首先要從自己身上找原因，不然的話就像楊布那樣：一身衣服變了，反而怪狗不認識他。

◇◆◇老人的安靜日子

一個剛退休的老人，在一個小鎮上買了一棟樓房定居下來，想在那裡寧靜地度過自己的晚年，寫些回憶錄。

剛開始的幾個星期，一切都很好，安靜的環境對老人的精神和寫作很有益，但有一天，三個半大不小的學生放學後開始來這裡玩，他們把幾個破垃圾桶踢來踢去，玩得不亦樂乎。

老人受不了這些噪音，於是出去跟年輕人談判。

他說：「你們玩得真開心，我很喜歡看你們踢桶子玩，如果你們每天來玩，我給你們三個人每天每人一塊錢。」

三個少年很高興，更加起勁地表演他們的足下功夫。過了三天，老人憂愁地說：「通貨膨脹使我的收入減少了一半，從明天起，我只能給你們五毛錢了。」

少年們很不開心，但還是答應了這個條件。每天下午放學後，繼續去進行表演。一個星期後，老人愁眉苦臉地對他們說：「最近沒有收到養老金匯款，對不起，我每天只能給你們兩毛了。」

「兩毛錢？」一個少年臉色發青，「我們才不會為了區區兩毛錢浪費寶貴時間為你表演呢！」

從此以後，老人又開始過著安靜的日子。

●生活小語：

面對難纏的人，最好不要直言相斥，可以利用其叛逆心理讓其不攻而退。人都有一種叛逆心理，你越是希望他做的事，他越是要與你唱反調。巧妙運用人的這種天性，可以成功地讓他朝你希望的方向發展。

◇◆◇行乞的人

路邊有個人跪著向行人乞討。似乎這樣的事司空見慣，人們熟視無睹。

這是寒冬裡最冷的一天，街上沒幾個行人，乞討者跪在路邊瑟瑟的發抖。可是時間已經過去了大半天，他仍然一分錢也沒要到。

他一邊搓手，一邊眺望大街，期盼在這樣寒冷的天氣裡，能出現更多有同情心的施捨者。

這時，一個衣著考究的中年男士從遠處向這邊走來。

乞討者眼睛一亮，等到那個人走近身邊時，他趕忙頻頻磕頭，聲音顫抖地連連乞求：「好心人，可憐可憐我吧！我太餓了！」

那位男士停住腳步。

「起來！我不會把錢送給跪著要錢的人。」

乞討者搖晃著站起身來，伸出右手，眼巴巴地看著面前的男士。

「不給！」那位男士很乾脆地表示。

乞討者面有慍色。

「你知道我為什麼不給你錢嗎？」男士又說道。

乞討者搖了搖頭。

男士說：「道理很簡單，第一，我不欠你的錢，沒有義務給你；第二，你會站會走，完全可以自食其力，沒有理由跟別人伸手要錢；第三，就算要錢，也應該保持人格，不能靠貶低個人人格博取別人同情。你這麼做一方面助長了社會不良風氣的蔓延，另一方面，你在不把自己當人看的同時，也看低了他人的人格……」

「不給就不給，說這麼多幹嘛？」乞討者很不耐煩。

「拿著！」那位男士拿出一疊鈔票遞給乞討者。「這不是送給你的錢。這是我借給你的。等你以後賺了錢，必須還我。」男士又遞給乞討者一張名片，隨即離開了。

乞討者站在原地，臉上淌下兩行熱淚。

不知不覺一年過去了，在這條街上，那個乞討者再也沒有現身過，而那位男士也沒再出現過。

時間又過去了兩年。一天，一位衣著考究的男士，手裡拿著一張名片敲開了一戶人家的大門。這位男士就是當年那個跪著要錢的乞討者。開門出來的年輕人在聽過男士的一番敘述後，默默地表示，那位以前借錢給乞討者的男士已經在半年前去世了，他是年輕人的父親。

●生活小語：

「救急不救窮」的道理我們都明白，施捨給乞討者一些小錢，遠不如喚起他重新生活的鬥志更顯得有愛心。而對於生活暫時遭遇困難的人來說，靠著別人的同情心來度日，遠不如喚醒自己的生存本能更來得要緊。

◇◆◇獨木難成林

有一位登山者，他一生的心願就是想要登上世界第一高峰的珠穆朗瑪峰。在經過多年的訓練和準備之後，他開始了登峰的旅程。但是，由於他希望完全由自己獨得全部的榮耀，所以他決定獨自出發。

在他開始向上攀爬時，時間已經有些晚了，然而，他非但沒有停下來準備他露營的帳篷，反而繼續向上攀登。山上的夜晚格外漆黑，這位登山者只感覺得到四處都是黑漆漆的一片。

月亮和星星又剛好被雲層給遮住了，現在他能看見的除了黑就是黑。即使如此，這位登山者仍然繼續不斷地向上攀爬著。就在離山頂只剩下幾公尺的地方，他滑倒了，並且高速地跌了下去。跌落的過程中，他僅僅能看見一些黑色的陰影，一種被地心引力吸往而快速向下墜落的恐怖感覺籠罩著他。

他不斷地向下墜落……而在這極其恐怖的時刻，他的一生，不論好與壞，也一幕幕地顯現在他的腦海中。

當他想著此刻死亡是正在如何快速地接近他的時候，突然間，他感到繫在腰間的繩子，緊緊地拉住了他。他整個人被吊在半空中，而那根繩子是唯一可以拉住他的東西。

在這種上不著天，下不著地的狀況下，他一點辦法也沒有，只好大聲呼叫：「上帝啊！救救我！」突然間，從天上有個低沉的聲音回答他說：「你要我做什麼？」

「上帝！救救我！」

「你真的相信我可以救你嗎？」

「我當然相信！」

「那就把繫在你腰間的繩子割斷。」

在短暫的寂靜之後，登山者決定繼續全力抓住那根救命的繩子……

後來，據搜救隊說，他們在第二天發現了一個被凍得全身僵硬的登山者遺體，他的屍體掛在一根繩子上，他的手也緊緊地抓著那根繩子，就在距離地面僅僅兩公尺地方。

●生活小語：

現在的社會，越來越強調團隊合作，因為獨木難成林，一個人想要成功，沒有別人的幫忙是很困難的。在社會資訊發達的今天，不接受別人幫助的人，就永遠不能成功。

名人格言◆◆

一群人在一起工作，其效果並不像一加一等於二那樣簡單。兩人協力的結果，可能三倍甚至五倍於一個人的力量。相反，如果互相不協力，效果可能是零。

——（美）康拉德・希爾頓

◇◆◇不莊稼的農夫

一次，有人問一個農夫他是不是種了麥子。

農夫回答：「沒有，我擔心老天不下雨。」

那個人又問：「那你是種棉花嗎？」

農夫說：「沒有，我擔心害蟲會吃了棉花。」

於是那個人又問：「那你種了什麼？」

農夫說：「什麼也沒種。我要確保安全。」

大家一看就知道，這是個編出來的故事，實際上不可能有這樣的農夫。可是在某種程度上來講，生活中這樣的人卻又是比比皆是，一個不願或不敢冒風險的人，不就像那個農夫一樣嗎？他們迴避受苦和悲傷，他們不能學習、改變、感受、成長、愛或生活。他們被自己的態度所捆綁，是個喪失自由的奴隸。人誤地一時，地誤人一年，播種的季節就那麼幾天，錯過了就沒有機會彌補了。人的一生當中事業的黃金時期也是有限的，每個階段都有每個階段的任務，錯過了也很難再挽回。

●生活小語：

人生做什麼都會有風險，但有一點請記住：那就是什麼都不做才是最大的風險。其實，困難和風險也是欺軟怕硬的，你強它就弱，你弱它就強。你越是躲它，它就是越來找你。

名人格言◆◆

只有不斷地追求探索，永遠不滿足已取得的成績的人，生活才是美好的、有價值的。

——（蘇聯）薩帕林娜

◇◆◇天下沒有免費的午餐

明朝中期，洛陽附近住著一個富翁。

富翁已經六十多歲了，精神依然矍鑠。他有千畝良田，成群的牛馬，從西域買來的綢緞足以堆滿一個房間。富翁的宅院，猶如《紅樓夢》中大觀園鼎盛的景象。後院的花園，奇花異草四季流香。

但是，富翁有件心事，一直擱在心裡。他有心遍訪賢人，但畢竟年邁多病，不宜遠行。他打發管家去咸陽、去西安尋找高人，但來了許多人，最終都沒能解除他心中的病根。

歲月一天一天的流逝，富翁一天一天地老去。終於有一天，富翁作了最後的決定。管家安排了十幾個精幹的僕人，帶著銀兩盤纏，帶上寫好的告示，迅速奔往全國的各州大縣。很快的，全國各大城鎮都貼上了富翁的告示。富翁熱情地邀請天下最富有智慧的人，來他的莊園做客。

皇宮很快就知道了這件事，大臣們不知道這位富翁要搞什麼名堂。太平盛世，難道還有人敢明目張膽地聚賢納士，莫非有反抗朝廷的野心。朝廷的密探開始一批接一批地來到富翁莊園的附近。

告示貼出去半個月後，陸陸續續來了許多的奇人異士、知名學者。富翁的莊園真的成了群星薈萃、貴客盈門了。到年底的時候，富翁看來的差不多了，就從客人中篩選了十六個頂尖的智者，留在莊上。其他的客人，富翁卻大排酒宴，給了許多的銀兩送走了。

剩下的十六名智者，有的是一代文豪，有的是博古通今的名流，有的是上知天文、下知地理的謀士，還有一個是已經隱居多年的奇人異士。這些人都是富翁用各式各樣的辦法，用盡了平生的智慧挽留下來的。富翁把他們召集在一起，充滿熱情地說：「我懇請您們給我一年的時間，幫我編一本人類的智慧錄，留給我的後世子孫。」

那時候，資訊交流還不發達。這些智者能聚在一起，彼此切磋交流的機會也是很難得的。所以，這些智者就答應了富翁的請求。

十六個智者在富翁的家裡住了下來，開始了腦力激盪的工作。一年的期限到了，他們完成了洋洋灑灑八大卷的智慧錄。

富翁看了後，表示非常地感謝他們。但是富翁說：「我相信這些都是智慧的精華，但它太多了，我擔心我的子孫沒有閱讀的耐心，還是煩勞你們濃縮一下為好。」

既然答應了人家的要求，好事就得做到底。這些智者又用了一個月的時間，透過精煉、刪減，最後，將八大卷文字濃縮成一卷。

富翁看了後，又真誠地表示非常的感謝，但是他認為文字還是太多了，又懇請他們再濃縮一下。

這十六位智者又在富翁的家裡住了下來。他們每天聚在一起，討論該刪除哪些字句，有時還爭論的面紅耳赤。就這樣，慢慢地，一卷文字濃縮成了一章，接著又濃縮成一節，之後又濃縮成一段，最後，只剩下了一句話。

富翁看了這句話，頓時驚喜地站了起來。他安排管家預備了一桌最最豐盛的晚宴，並親自給各位智者斟酒。這場酒他們喝的很痛快，在宴會即將散場的時候，富翁很滿意的說：「您們提煉的這句話，真是古今所有智慧的結晶啊！」

皇宮的兩個密探聽說有了結果，連夜潛進富翁的房間。藉著微弱的月光，看見床頭上放著一個藏寶盒，心想這一定就是這些人的研究成果了。密探悄悄地拿走了那個藏寶盒，連夜快馬加鞭地送進皇宮。

第二天，皇帝打開藏寶盒一看，臉上露出了會心的一笑。藏寶盒內沒有別的，只有一張裱糊得非常精緻的字畫，上面寫著：天下沒有免費的午餐。

● 生活小語：

天下沒有免費的午餐，惟有付出才能得到。要得到多少，就必須付出多少。付出時越是慷慨，得到的回報就越豐厚。付出時越是吝嗇、小氣，得到的就越是微薄。

◇◆◇又髒又舊的鞋子

鬧鐘準時響了，又是一個星期天的早晨。艾莫森本來可以好好睡一個懶覺，但是有一種強烈的罪惡感，驅使他起身去教堂做禮拜。

艾莫森漱洗完畢，收拾整齊，匆匆忙忙的趕往教堂。

禮拜剛剛開始，艾莫森在一個靠邊的位子上悄悄坐下。牧師開始祈禱了，艾莫森剛要低頭閉上眼睛，卻感覺到到鄰座先生的鞋子輕輕的碰了一下他的鞋子，艾莫森輕輕地歎了一口氣。瞧了瞧鄰座，他已經闔上了雙眼，準備好開始禱告了。

艾莫森心想：鄰座先生那邊有足夠的空間，為什麼我們的鞋子要碰在一起呢？這讓他感到不安，但鄰座先生似乎一點也沒有感覺到。

祈禱開始了：「我們的父……」牧師剛開了頭。艾莫森忍不住又想：這個人真是不知不覺，鞋子又髒又舊，鞋頭的地方還破了一個洞。

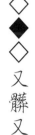

牧師在繼續祈禱著，「謝謝你的祝福！」鄰座先生悄悄地說了一聲，「阿門！」艾莫森盡力集中心思禱告，但思緒忍不住又回到了那雙鞋子上。他想：難道我們上教堂時不應該穿上整齊乾淨的衣著出現嗎？他掃了一眼地板上鄰座先生的鞋子想，鄰座的這位先生為什麼穿成這樣，難道就不怕耶穌將這視為不敬嗎？

禱告結束了，唱起了讚美詩，鄰座先生很自豪地高聲歌唱，還情不自禁地高舉雙手。艾莫森又想，主在天上肯定能聽到他的聲音。奉獻時，艾莫森鄭重地放進了自己的支票。鄰座先生把手伸到口袋裡，摸了半天才摸出了幾個硬幣，「叮啷啷」放進了盤子裡。

牧師的禱告詞深深地觸動著艾莫森，鄰座先生顯然也同樣被感動了，因為艾莫森剛看見淚水從他的臉上流了下來。

禱告結束後，大家像平常一樣歡迎新朋友，以讓他們感到溫暖。艾莫森心裡有一種要認識鄰座先生的衝動。他轉過身子握住了鄰座先生的手。

鄰座的先生是一個上了年紀的黑人，頭髮很亂，但艾莫森還是謝謝他來到教堂。鄰座的先生激動得熱淚盈眶，咧開嘴笑著說：「我叫查理，很高興認識你，我的朋友。」

鄰座先生擦擦眼睛繼續說道：「我來這裡已經有好幾個月了，你是第一個和我打招呼的人。我知道，我看起來與別人格格不入，但我總是儘量穿上最整齊乾淨的衣著出現在這裡。星期天一大早我就起來了，先是擦乾淨鞋子、抹上鞋油，然後走了很遠的路，等我到這裡的時候鞋子已經又髒又破了」艾莫森忍不住一陣心酸，強忍淚水。

鄰座先生接著又向艾莫森道歉說：「我坐得離你太近了。當你到這裡時，我知道我應該先看你一眼，再問候你一句。但是我想，當我們的鞋子相碰時，也許我們就可以心靈相通了，這也算是一次非正式的問候吧！」

艾莫森一時覺得再說什麼都顯得蒼白無力，就沈默了一會兒才說：「是的，你的鞋子觸動了我的心。你的行動已經在一定程度上讓我知道，一個人最重要的是他的內心，不是外表。」

還有一半話艾莫森沒有說出來，這位老黑人是怎麼也不會想到的。艾莫森打從心底深深地感激他那雙又髒又舊的鞋子，是它們深深的觸動了自己的靈魂。

●生活小語：

一個人的穿著打扮與環境格格不入是次要的，重要的是他的內心，不是那虛有的外表。有了良好的心態，真誠的行動，就能夠打破世俗的偏見，衝破一切阻力和障礙，這不僅能感動自己，更能打動他人。

名人格言◆◆

一個勇敢而率真的靈魂，能用自己的眼睛觀察，用自己的心去愛，用自己的理智去判斷；不做影子，而做人。

——（法）羅曼·羅蘭

◇◆◇不要在盛怒下做決定

有一天，國王到森林中去打獵，許多文官武將跟隨其後，在他們身後還有一群帶著獵犬的僕人，他們希望能夠滿載而歸。

國王的手臂上站著一隻強悍威武的老鷹，這隻老鷹被訓練成專門幫忙打獵的獵鷹。只要國王一聲令下，牠就會飛向雲端，向下四處尋找獵物。如果碰巧發現鹿或是兔子，牠就會快速地撲上去，將其擒住。

這天，國王的運氣並不好，他與大家走散了，天氣又很熱，國王覺得十分口渴。他希望能夠遇到清涼的泉水，但是，炎熱的夏日早已將山溪烤乾了，老鷹也在上空無奈地盤旋尋找。

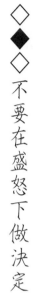

終於，國王發現有一些水沿著一塊岩石邊緣滴流下來。他想再往上走一點兒路，一定有一道泉水，而現在一次就只有一滴水滴落下來。

國王從馬背上跳了下來，從袋子裡取出一個小銀盃，將牠拿去盛接那慢慢滴落下來的水滴。

國王花了很長的時間才將杯子裝滿。他實在太渴了，杯子幾乎裝滿水了，他迫不及待地把嘴湊到杯邊。就在這個時候，突然天空中傳來呼呼的聲音，接著他的杯子就被打翻了，水潑灑在地上，倏地就滲入進縫隙了。國王抬頭一看，原來是他養的老鷹。

國王撿起杯子，又繼續接落下的水滴。這次，他沒有等那麼久，就在杯內的水才半滿的時候，他就把杯子舉到嘴邊。但是，在杯子碰到他的嘴唇之前，那隻老鷹又再一次撲下來，把杯子從他的手中打落。這下子，國王真生氣了。

他大聲吼叫著：「如果你再來，我要把你的脖子砍斷！」

然後，他又拿杯子盛水。但是，在他預備要喝水之前，老鷹又衝下來。憤怒的國王拔出劍刺中了牠，可憐的老鷹倒在了血泊中，國王的杯子掉進了岩縫中。

國王只好繼續向前走，他想找到水的源頭。

後來，他終於找到了一個積水的池塘，但是他也驚訝地發現，在水池裡有一條死去的巨大的毒蛇。他頓時明白了。他哭喊道：「是我的老鷹救了我，牠是我的朋友，而我竟然把牠給殺掉了。」

他滿懷歉疚地回去，找到老鷹的屍體，把牠厚葬了，從此以後，當他再發怒時，就告誡自己：永遠別在盛怒下做事。

還有一個類似的故事：

早年在美國的阿拉斯加，有一對年輕人結婚了，婚後順利的懷孕，但他的太太卻因難產而死，留下一孩子。

他忙著工作，又得忙著家中的一切生活瑣事，因沒有人幫忙看孩子，所以他就訓練一隻狗，那隻狗聰明聽話，能照顧小孩，咬著奶瓶餵奶給孩子喝，撫養孩子。

有一天，主人出門去了，叫牠照顧孩子。

他到了別的城鎮，因遇大雪，當日不能回來。第二天才趕回家，狗立即聞聲出來迎接主人。他把房門開一看，到處是血，抬頭一望，床上也是血，孩子不見了，狗在身邊，滿口都是血，主人發現這種情形，以為狗的野性發作，把孩子吃掉了，大怒之下，便拿起刀來往著狗頭一劈，把狗殺死了。

之後，忽然聽到孩子的聲音，又見他從床下爬了出來，於是抱起孩子；雖然孩子身上有血，但並未受傷。

他很奇怪，不知這究竟是怎麼一回事，再看看狗身，腿上的肉沒有了，旁邊有一隻狼，口裡還咬著狗的肉；狗救了小主人，卻被主人誤殺了，這真是天下最令人無法接受的誤會。

●生活小語：

誤會通常是因為人往往在不瞭解、不理智、沒耐心、缺少思考、未能多方體諒對方，反省自己，感情極為衝動的情況之下所發生的。

誤會一開始，所想到的都是對方的千錯萬錯；因此誤會便越陷越深，弄到不可收拾的地步，人對無知的動物小狗發生誤會，尚且會有如此可怕嚴重的後果，這樣人與人之間的誤會，其後果則更是難以想像。

遇事沈著冷靜，在任何時候都是有百益而無一害的。在人的情緒極度激動，尤其是憤怒的時候，所做出來的決定往往不太理智。記住，不要在盛怒下做任何事情。

名人格言

怒是無名火，不可不忍耐。忍則身無辱，耐則身無害；不忍又不耐，小事釀成害。爭訟有何益。未卜成與敗，操心又破費，煩惱作一塊；何不忍耐些，快活常自在。

——諺語

◇◆◇發財的機會

有一對以拾破爛為生的兄弟，他們天天都盼望著發大財。最終，上帝竟因為他們每一個夢都與發財有關而深受感動。上帝決定給他們一次發財的機會。

一天，兄弟倆照舊從家裡出發沿著街道一起向前走去，但今天這條街道彷彿被人來了一次大掃除，連平日裡最微小的破爛都不見蹤影了，僅剩的就只有地上的一寸長小鐵釘。

老大看到路上的鐵釘，便把它們一個一個地撿了起來。

老二卻對老大的行為不屑一顧，並且說：「兩三個小鐵釘能值幾個錢？」而老大並不嫌棄，他彎下腰去把鐵釘一個一個地撿了起來。

走到了街尾，老大差不多撿滿了一袋子的鐵釘。

看到老大的成績，老二好像若有所悟。也打算學老大那樣撿一些鐵釘，不管多少，最起碼也能賣點錢，於是便回頭再去找，可是等他回頭看的時候，來時路上的小鐵釘，卻一個都沒有了，全被老大撿光了。

老二心想：沒關係，反正幾個鐵釘也賣不了多少錢，老大的那一袋，可能連三美元都不到，所以也就不覺得可惜。

於是，兄弟兩個繼續向前走，沒多久，兄弟倆幾乎同時發現街尾新開了一家收購店，門口掛著一塊牌子上寫著：本店急收一寸長的舊鐵釘，一元一枚。

老二後悔得捶胸頓足。

老大則將小鐵釘拿去換回了一大筆錢。

店主走近站在街上發愣的老二，問道：「孩子，同一條路上，難道你一個鐵釘也沒看到？」

老二很沮喪：「我看到了啊！但那小鐵釘並不起眼，我更沒想到它竟然這麼值錢，等我知道它很有用時，那可惡的小鐵釘卻全部消失了。」

生活小語：

無論是金錢還是智慧，無論是愛情還是命運，都是一點一滴累積起來的，不要總是認為一些舉手之勞的小事微不足道，也許對別人來講，這些微不足道的事情會讓他感激你一輩子。

名人格言

真正品德良好的人，他的感情自然、適度，而且真誠，不必有一點約束與造作，但絕不會過分。這樣的人不但自己快樂，別人和他在一起，也會如沐春風。

——羅蘭

◇◆◇認清自己

原一平的身高只有一百四十五公分，貌不驚人，可是在日本的壽險業裡，他是一位響噹噹的人物。他因為連續十五年保持了全國業績第一，所以被尊稱為「推銷之神」。

他從小個性叛逆頑劣，曾經用小刀殺傷了老師。七歲時，窮得連中餐都吃不起，並露宿在公園。每個認識他的親友們都認為他是個沒有希望的「廢人」，在二十七歲時，由於一位老和尚的一席話而改變了他的一生。

有一天，他向一位老和尚招攬保險，老和尚說：「聽完你的介紹後，完全無法引起我投保的意願。」

老和尚注視原一平良久，接著又說：「人與人之間，像這樣相對而坐的時候，一定要具備一種強烈吸引對方的能力，如果你做不到這一點，將來就沒什麼前途可言。」原一平啞口無言，冷汗直流。

老和尚又說：「年輕人，快去改變自己吧！要改變自己首先必須認清自己，你知不知道自己是一個什麼樣的人？你在替別人考慮保險之前，必須先反省自己，認識自己，然後才能成就自己！」

「反省自己？認識自己？」

「是的！赤裸裸地注視自己，毫無保留地徹底反省，然後才能認識自己。」老和尚的這一席話，就像當頭棒喝般，一棒就把原一平打醒了，他從此坐禪修行，大徹大悟，成為一個圓融成熟的人。

●生活小語：

「認識自己」被公認為希臘哲人最高智慧的結晶。一個不斷經由認識自己、反省自己而改變自己的人，智慧才有可能漸趨圓融成熟而邁向成功之道。這正是原一平真正的成功之道。

◇◆◇把握現在

一位哲學家途經荒漠，看到一座很久以前的城池廢墟。歲月已經讓這個城池顯得滿目滄桑，但仔細觀看卻依然能看出昔日興盛時期的風采。哲學家想在此休息一下，他隨手搬來一個石雕坐下來。

他點燃一支菸，望著這個被歷史淘汰下來的城垣，想像著曾經發生過的故事，不由得感歎了一聲。

忽然，有個聲音說：「先生，你感歎什麼呀？」

他四處望了望，並沒有任何人，他疑惑起來。那聲音又響起來，他端詳那個石雕，原來那是一尊「雙面神」的神像。

他沒有見過「雙面神」所以就好奇地問：「你為什麼會有兩副面孔呢？」

雙面神回答說：「有兩副面孔，我才能一面察看過去，牢牢的記取曾經的教訓。另一面又可以瞻望未來，去憧憬無限美好的藍圖啊！」

哲學家說：「過去的只能是現在的逝去，再也無法留住，而未來又是現在的延續，是你現在無法得到的。你卻不把現在放在眼裡，即使你能對過去瞭若指掌，對未來洞察先知，那又有什麼具體的實在意義呢？」

雙面神聽了哲學家的話，不由得痛哭起來，他說：「先生，聽了你的話之後，我才明白我今天落得如此下場的原因。」

哲學家問：「為什麼？」

雙面神說：「很久以前，我駐守在這座城時，自詡能夠一面察看過去，一面又能瞻望未來，卻惟獨沒有好好的把握住現在，結果，這座城池被敵人攻陷了，繁榮興盛的景象也因此而成為過眼雲煙，我也被人們唾棄而棄於廢墟之中。」

●生活小語：

生命的短暫與存在的永恆之間是矛盾的。世界上有三種人：第一種人只會回憶過去，在回憶的過程中體驗感傷；第二種人是只會空想未來，在空想的過程中不務實際；第三種人是注重現在，腳踏實地，慢慢累積，一步一步地走向未來。第一種人是感傷者，第二種人是空想家，第三種人是行動家。

你是哪一類型的人呢？

名人格言

如果你在任何時候，任何地方，你一生中留給人們的都是些美好的東西——鮮花，思想，以及對你的非常美好的回憶——那你的生活將會輕鬆而愉快。那時你就會感到所有的人都需要你，這種感覺使你成為一個心靈豐富的人。你要知道，給永遠比拿愉快。

——（蘇聯）高爾基

◇◆◇虛心接受別人的建議

喬治．羅納曾在維也納當過多年律師，第二次世界大戰期間，他逃到瑞典，經濟變得日漸拮据，急切地需要一份工作。他能說也能寫多國的語言，希望能在一些進出口公司找到一份秘書的工作。但是，絕大多數公司都回信告訴他，因為正在打仗，他們不需要這類人才。不過他們會把他的名字存在檔案裡……

在這些回覆函中，有一封信這樣寫道：「你完全沒有瞭解我們的生意。你又蠢又笨，我根本不需要什麼替我寫信的秘書。即使需要，也不會請你這種連瑞典文也寫不好，信裡全是錯字的人。」

喬治．羅納看到這封信時，真是快氣炸了。喬治．羅納也寫了一封信，想氣氣那個人。但他冷靜下來對自己說：「等等！我怎麼知道這個人說得不對呢？瑞典文畢竟不是自己的母語。如果真是如此，想要得到一份工作，就必須不斷努力學習。他用難聽的話來表達他的意見，並不意味著我沒有錯誤。因此，我應該寫封信感謝他才對。」

於是，他重新寫了一封感謝信：「你寫信給我，我實在是感激不盡，尤其是在你並不需要秘書的情況下。我對自己將貴公司的業務弄錯一事表示抱歉。之所以給你回信，是因為聽他人介紹，說你是這個行業的領導人物。我的信上有很多文法上的錯誤，而自己卻無法自知我備感慚愧，而且十分難過。現在，我計畫加倍努力去學瑞典文，改正自己的錯誤，謝謝你幫助我不斷地進步。」

不久，喬治．羅納就收到那個人的回信，並且給了他一份工作。透過這件事，喬治．羅納發現了寬容的妙處。

●生活小語：

當別人指出自己的缺點和錯誤時，無論是惡意還是善意，都要虛心接受並努力改正，只有這樣，才能增加自己的才能，不斷提高自己的能力，也才能贏得更多的朋友。

◇◆◇疑病亂投醫

有個人感染風寒，咳嗽不止，他覺得渾身都不舒服，就去看醫生。醫生看了他那無精打采的樣子，又摸了脈搏，說他是得了蠱病，如果不趕快治療恐怕會喪命。這個人一聽嚇壞了，連忙拿出許多金子，求醫生一定要治好他的病。

這個醫生給他開了治蠱病的藥吃，說是這種藥可能會傷了他的腎臟和腸胃，又會炙燒他的身體和皮膚，因此，吃這種藥必須注意禁食美味佳餚，否則藥物難以奏效。

一個月過去了，這個人病情不見好轉，反而加重了，除了咳嗽，還有內熱外寒，百病發作。加上他一個月的禁食，營養不良，身體瘦弱疲憊，真的像一個患蠱病的人了。

無奈，他又去看了另一個醫生。這個醫生檢查了他的各種症狀，診斷他患的是內熱病，於是又給他寒藥吃。這次，他又花去許多金子。

他吃過醫生開給他的寒藥，結果搞得他每天早晨嘔吐，晚上腹瀉，痛苦不堪。不用說禁食美味佳餚，這次連飯都不能吃了。他心裡非常害怕，再這樣下去恐怕真的保不住性命了。

於是，他又反過來改服熱藥，誰知這樣一來，他又出現全身浮腫，到處長癰生瘡，搞得他頭暈目眩，真的是渾身是病，一天到晚叫苦不迭。

他又拿出錢財，第三次請來一個醫生。這個醫生見他滿身是病，真不知從何醫起，結果是越醫病越重了。

後來，鄰居的長輩們見他形容憔悴，病症奇特雜亂，於是開導他說：「這都是庸醫害人、你胡亂吃藥的結果。其實你並沒什麼大不了的病。人的生命，本以元氣為主，再輔之以一日三餐正常的飲食。而你呢？天天吃這藥喝那藥，千百種藥毒攪亂了你的體內正常秩序，結果既損害了你的身體，又阻斷了飲食的營養供給，所以肯定會百病齊出。我看你現在的當務之急是要靜下心來，首先讓身體好好休息，再辭謝醫生，放棄藥物，恢復營養，多吃你喜愛的食物，這樣，你的元氣就會慢慢的恢復，身體一天天強壯起來，自然而然吃東西便覺有滋味了。一天三餐飯，便是最好的藥，你不妨照我說的去做，保證有效。」

這個人在萬般無奈的情況下，按照老人所說的去做了，僅僅一個月，身上的各種病症果然就消失了，身體又恢復了健康。

●生活小語：

其實生活中往往就是這樣，越疑心自己有這病那病，就越覺得果真有病，結果亂投醫、亂吃藥，把一個沒病的身體搞得全身都是病。處理問題也是一樣，如不從實際出發，僅憑想當然爾就去東一榔頭，西一棒子地胡亂出招，結果問題必然會越來越嚴重，事情越辦越糟糕。

◇◆◇放飛思想的風箏

一位老和尚，他身邊總是聚著一幫虔誠的弟子。這一天，他囑咐弟子每人去南山打一擔柴回來。

弟子們匆匆行至離山不遠的河邊，來到河邊人人目瞪口呆。只見洪水從山上奔瀉而下，無論如何也無法渡河打柴。這些無功而返的弟子們都有些垂頭喪氣。

唯獨一個小和尚與師傅坦然相對。

師傅問其故，小和尚從懷中掏出一個蘋果，遞給師傅說，過不了河，打不了柴，見河邊有棵蘋果樹，我就順手把樹上唯一的一個蘋果摘來了。後來，這位小和尚成了師傅的衣缽傳人。

●生活小語：

世上有走不完的路，也有過不了的河。過不了的河掉頭而回，也是一種智慧。但真正的智慧還要在河邊做一件事情：放飛思想的風箏，摘下一個「蘋果」。歷覽古今，抱定這樣一種生活信念的人，最終都實現了人生的突圍和超越。

名人格言◆◆

我的心才是我唯一的驕傲，才是我的一切力量、一切幸福、一切痛苦以及一切一切的源泉。我知道的東西誰都可以知道；而我的心卻為我所獨有。

——（德）歌德

◇◆◇做人呆呆，處事聰明

一個心理學教授到精神病院參觀，以瞭解精神病人的生活狀態。一天下來，覺得這些人瘋瘋癲癲，行事出人意料，可算大開眼界。

想不到準備返家時，發現自己的車胎被人拆走了。「一定是哪個精神病人幹的！」教授這樣憤憤地想道，動手拿備胎準備裝上。

事情嚴重了。拆走車胎的人居然將螺絲也都拿走了。沒有螺絲有備胎也上不去啊！

教授一籌莫展。就在他著急萬分的時候，一個精神病人蹦蹦跳跳地走過來了，嘴裡唱著不知名的歡樂歌曲。他發現了困境中的教授，停下來問發生了什麼事。

教授懶得理他，但出於禮貌還是告訴了他。

精神病人哈哈大笑說：「我有辦法！」他從每個輪胎上面拆下一個螺絲，

這樣就拿到三個螺絲將備胎裝了上去。
教授在驚訝感激之餘，大為好奇：「請問你是怎麼想到這個辦法的？」
精神病人嘻嘻哈哈地笑道：「我是瘋子，但我可不是呆子啊！」

●生活小語：

其實，世上有許多的人，由於他們發現了工作中的樂趣，於是表現出與常人不一樣的狂熱，讓人難以理解。許多人在笑話他們是瘋子的時候，別人說不定還在笑他呆子呢！
做人呆呆，處事聰明，在現實生活中尤其不失為一種最佳的做人姿態。

◇◆◇生命的價值

不要因昨日的沮喪而令明天的夢想黯然失色！

在一次討論會上，一位著名的演說家沒講一句開場白，手裡卻高舉著一張二十美元的鈔票。

面對會議室裡的二百個人，他問：「誰要這二十美元？」一隻隻手舉了起來。他接著說：「我打算把這二十美元送給你們當中的一位，但在這之前，請准許我做一件事。」他說著將鈔票揉成一團，然後問：「誰還要？」仍有人舉起手來。

他又說：「那麼，假如我這樣做又會怎麼樣呢？」他把鈔票扔到地上，又踏上一隻腳，並且用腳碾它。爾後他拾起鈔票，鈔票已變得又髒又皺。

「現在誰還要？」還是有人舉起手來。

「朋友們，你們已經上了一堂很有意義的課。無論我如何對待那張鈔票，你們還是想要它，因為它並沒貶值，它依舊值二十美元。人生的道路上，我們會有無數次被自己的決定或碰到的逆境擊倒、欺凌甚至碾得粉身碎骨。我們覺得自己似乎一文不值。但無論發生什麼，或將要發生什麼，在上帝的眼中，你們永遠不會喪失價值。在他看來，骯髒或潔淨，衣著整齊或不整齊，你們依舊是無價之寶。」

●生活小語：

生命的價值並不仰仗我們的所作所為，也不仰仗我們所結交的人物，而是取決於我們本身！我們是獨特的——永遠不要忘記這一點！

◇◆◇加高的籠子

有一天動物園的管理員們發現袋鼠從籠子裡跑出來了，於是開會討論，一致認為是籠子的高度過低。

所以他們決定將籠子的高度由原來的十公尺加高到二十公尺。

結果第二天發現袋鼠還是跑到外面來，所以又決定再將高度加高到三十公尺。

沒想到隔天居然又看到袋鼠全跑到外面，於是管理員們大為緊張，決定一不做二不休，將籠子的高度加高到一百公尺。

一天長頸鹿和幾隻袋鼠們在閒聊，「你們看，這些人會不會再繼續加高你們的籠子？」長頸鹿問。

袋鼠說：「很難說。如果他們再繼續忘記關門的話！」

●生活小語：

其實很多人都是這樣，只知道有問題，卻總是無法抓住問題的核心和根基。

名人格言◆◆

一個人必須固定他的視野，如果他立志要成功的話。他必須知道他正在為什麼目標而工作，然後他才會像一隻牛頭犬追逐貓兒那樣地緊追不捨。一個知道自己目標的人，就不會因為挫折和失敗而洩氣了。

——（美）姚樂絲・卡耐基

◇◆◇幸福的味道

有一個人，他生前善良且熱心助人，所以在他死後，升上天堂，做了天使。他當了天使後，仍時常到凡間幫助人，希望感受到幸福的味道。

一日，他遇見一個農夫，農夫的樣子非常憂愁，他跟天使訴說：「我家的水牛剛死了，沒牠幫忙犁田，那我怎能下田工作呢？」

於是天使賜他一隻健壯的水牛，農夫很高興，天使在他身上感受到幸福的味道。

又一日，他遇見一個男人，男人非常沮喪，他向天使訴說：「我的錢被騙光了，沒盤纏返鄉。」

於是天使給他銀兩做路費，男人很高興，天使在他身上感受到幸福的味道。

又一日，他遇見一個詩人，詩人年青、英俊、有才華且富有，妻子貌美而溫柔，但他卻過得不快活。
天使問他：「你不快樂嗎？我能幫你嗎？」
詩人對天使說：「我什麼都有，只欠一樣東西，你能夠給我嗎？」
天使回答說：「可以，你要什麼我也可以給你。」
詩人直直的望著天使：「我要的是幸福。」
這下子可把天使難倒了，天使想了想，說：「我明白了。」
然後把詩人所擁有的都拿走。
天使拿走詩人的才華，毀去他的容貌，奪去他的財產和他妻子的性命。
天使做完這些事後，便離去了。
一個月後，天使再回到詩人的身邊，
他那時餓得半死，衣衫襤褸地在躺在地上掙扎。
於是，天使把他的一切還給他。
然後，又離去了。
半個月後，天使再去看這個詩人。

這次，詩人摟著妻子，不停的向天使道謝。

因為，他得到幸福了。

你曾覺得孤獨嗎？你嘗過幸福的味道嗎？孤寂、璀璨本就是形容詞，所有的形容詞都是用來做比較的。沒嘗過孤寂，又怎知何謂璀璨的人生？

●生活小語：

孤寂又豈非人生之必經？人很奇怪，每每要等到失去，才懂得珍惜。其實，幸福早就放就在你的面前。肚子餓的時候，有一碗熱騰騰的拉麵放在你眼前，是幸福。累得半死的時候，撲上軟軟的床，也是幸福。哭得半死的時候，旁邊有人溫柔的遞來一張面紙，更是幸福。幸福本來就沒有絕對的定義，平常一些小事也往往能撼動你的心靈，幸福與否，就看你的心是怎麼去看待。

◇◆◇罐子是滿的嗎

在一次上時間管理的課上，教授在桌子上放了一個裝水的罐子。然後又從桌子下面，拿出一些正好可以從罐口放進罐子裡的鵝卵石。當教授把石塊放完後問他的學生道：「你們說這罐子是不是滿的？」

「是」，所有的學生都異口同聲地回答說。

「真的嗎？」教授笑著問。然後再從桌子底下拿出一袋碎石子，把碎石子從罐口倒下去，搖一搖，再加一些，再問學生：「你們說，這罐子現在是不是滿的？」這回他的學生不敢回答得太快。最後班上有位學生怯生生地細聲回答道：「也許沒滿。」

「很好！」教授說完，又從桌下拿出一袋沙子，慢慢的倒進罐子裡。倒完後，再問班上的學生：「現在你們再告訴我，這個罐子是滿的呢？還是沒滿？」

「沒有滿」，全班同學這下學乖了，大家都很有信心地回答說。「好極了！」教授再一次稱讚這些「孺子可教也」的學生們。稱讚完了後，教授從桌子底下拿出一大瓶水，把水倒在這看起來已經被鵝卵石、小碎石、沙子填滿了的罐子。當這些事都做完之後，教授一本正經的問他班上的同學：「我們從上面這些事情得到什麼重要的結論？」

班上一陣沈默，然後一位自以為聰明的學生回答說：「無論我們的工作多忙，行程排得多滿，只要動作再快一點的話，還是可以做很多事的。」這位學生回答完後心中很得意地想：「這門課要講的就是時間管理啊！」

教授聽到這樣的回答後，點了點頭，微笑道：「答案不錯，但並不是我要告訴你們的重要結論。」說到這裡，這位教授故意停住，用眼睛向全班同學掃了一遍說：「我想告訴各位的最重要結論是，如果你不先將大的鵝卵石放進罐子裡去，你以後也許永遠沒機會再把它們放進去了。」

●生活小語：

對於工作中林林總總的事情，可以按重要性和緊急性的不同組合，來確定處理的先後順序。做到鵝卵石、碎石子、沙子、水都能放到罐裡去。對於人生旅途中出現的事件也應如此處理。也就是平常所說的處在哪一年齡階段，便要完成哪一年齡階段應完成的事，否則，時過境遷，到了下一年齡階段就很難有機會補救。

名人格言

知道事物應該是什麼樣，說明你是聰明的人；知道事物實際上是什麼樣，說明你是有經驗的人；知道怎樣使事物變得更好，說明你是有才能的人。

——（法）狄德羅

◇◆◇蠍子與青蛙

從前，有一個地方住著一隻蠍子和一隻青蛙。蠍子想穿越過池塘，但牠不會游泳。於是，牠爬到青蛙面前央求道：「勞駕，青蛙先生，你能馱著我過池塘嗎？」

青蛙回答：「我當然能。但在目前情況下，我必須拒絕，因為你可能在我游泳時蜇我。」

蠍子反問：「我為什麼要這樣做呢？蜇你對我毫無好處，因為你死了我就會淹死。」

青蛙雖然知道蠍子是多麼狠毒，但又覺得牠說得也有道理。青蛙想，也許蠍子這一次會收起毒刺，於是就同意了。

蠍子爬到青蛙背上，倆個開始橫渡池塘。

就在牠們游到池塘中央時，蠍子突然彎起尾巴蜇了青蛙一口。傷勢嚴重的青蛙大喊道：「你為什麼要蜇我呢？蜇我對你毫無好處，因為我死了你就會淹死。」

蠍子一面下沉一面說：「我知道。但我是蠍子，我必須蜇你。這是我的天性。」

●生活小語：

俗話說：「江山易改，本性難移。」每個人各有自己的優缺點，獨特的思維方式和交往風格。身為一個優秀的管理者應該意識到：改造一個人是有限度的。我們需要做的不是試圖消除這些弊端，而是把他們的優點合理地加以利用，儘量修正他們的缺點，並力圖幫助每個人在其獨特天性的基礎上持續進步。

◇◆◇自己的選擇

在義大利威尼斯城的一座小山上，住著一個天才老人。據說他能回答任何人提出的問題。當地有兩個小孩想愚弄這個老人，他們捕捉了一隻小鳥，問老人：「你說我手中的小鳥是死的還是活的？」

老人不假思索地說：「孩子，如果我說小鳥是活的，你就會勒緊你的手把它弄死。如果我說是死的，你就會鬆開你的手讓它飛掉。你的手掌握著這隻鳥的生死大權。」

●生活小語：

你手中握著失敗的種子，也握著邁向成功的潛能。我們有權選擇成功，也有權選擇平庸，沒有任何人或任何事能強迫你，就看你如何去選擇了。

◇◆◇控制自己的欲望

一個沿街流浪的乞丐每天總在想，假如我的身上有兩萬元就好了。一天，這個乞丐無意中發現了一隻跑丟的很可愛的小狗，乞丐發現四周沒人，便把狗抱回了他的住處，拴了起來。

這隻狗的主人是本市有名的大富翁。這位富翁的狗走失後十分著急，因為這是一隻純正的進口名犬。於是，就在當地電視臺發出了一則尋狗啟事：如有拾到者請速歸還，付酬金兩萬元。

第二天，乞丐沿街行乞時，看到這則啟事，便迫不急待地抱著小狗準備去領那兩萬元酬金，可是當他匆匆忙忙抱著狗又路過貼啟示處時，發現啟事上的酬金已變成了三萬元。原來，大富翁尋狗不著，又電話通知電視臺把酬金提高到了三萬元。

乞丐似乎不相信自己的眼睛，向前走的腳步突然間停了下來，想了想又轉身將狗抱回了住處，重新拴了起來。第三天，酬金果然又漲了，第四天又漲了，直到第七天，酬金漲到了讓市民都感到驚訝時，乞丐這才跑回住處去抱狗。可想不到的是那隻可愛的小狗已被餓死了，乞丐還是乞丐。

●生活小語：

其實人生在世，好多美好的東西並不是我們無緣得到，而是我們的期望太高，往往在剛要接近一個目標時，又會突然轉向另一個更高的目標。西方一位哲人曾說過這樣一句話：「人的欲望是座火山，如不控制就會害人傷己。」

※為保障您的權益，每一項資料請務必確實填寫，謝謝！

姓名		性別	□男　□女
生日	年　月　日	年齡	
住宅地址	郵遞區號□□□		
行動電話		E-mail	

學歷

□國小　□國中　□高中、高職　□專科、大學以上　□其他______

職業

□學生　□軍　□公　□教　□工　□商　□金融業
□資訊業　□服務業　□傳播業　□出版業　□自由業　□其他______

謝謝您購買 因為看淡，所以幸福：100則心靈溫馨小品 與我們一起分享讀完本書後的心得。務必留下您的基本資料及電子信箱，使用我們準備的免郵回函寄回，我們每月將抽出一百名回函讀者，寄出精美禮物以及享有生日當月購書優惠！想知道更多更即時的消息，歡迎加入“永續圖書粉絲團”

您也可以使用以下傳真電話或是掃描圖檔寄回本公司電子信箱，謝謝！

傳真電話：（02）8647-3660　電子信箱：yungjiuh@ms45.hinet.net

●請針對下列各項目為本書打分數，由高至低5～1分。

項目	5 4 3 2 1	項目	5 4 3 2 1
1. 內容題材	□□□□□	2. 編排設計	□□□□□
3. 封面設計	□□□□□	4. 文字品質	□□□□□
5. 圖片品質	□□□□□	6. 裝訂印刷	□□□□□

●您購買此書的地點及店名______

●您為何會購買本書？

□被文案吸引　□喜歡封面設計　□親友推薦　□喜歡作者
□網站介紹　□其他______

●您認為什麼因素會影響您購買書籍的慾望？

□價格，並且合理定價是______　□內容文字有足夠吸引力
□作者的知名度　□是否為暢銷書籍　□封面設計、插、漫畫

●請寫下您對編輯部的期望及建議：

★請沿此線剪下傳真、掃描或寄回，謝謝您寶貴的建議！

2 2 1 - 0 3

新北市汐止區大同路三段194號9樓之1

傳真電話：（02）8647-3660
E-mail：yungjiuh@ms45.hinet.net

廣 告 回 信
基隆郵局登記證
基隆廣字第200132號

培育

文化事業有限公司

讀者專用回函

因為看淡，所以幸福：
100則心靈溫馨小品
又何必斤斤計較呢？

因為看淡，所以幸福：100則心靈溫馨小品

培養文化育智心靈的好選擇